九

九说中国

神话九章

杨庆存 著

上海文艺出版社

出版者的话

作为人类四大古文明之一,华夏文明是世界上唯一没有中断并持续发展到今天的文明体系。这一文明体系发源于中国这片土地,在这片土地上发展壮大,立足于这片土地,敞开胸怀接纳吸收来自全人类的优秀文化元素,并不断向周边国家乃至全球传播,在对外交流中又进一步得到完善,从而形成了当今中国的文化面貌,也塑造着我们华夏民族优秀的精神品格。

对这样的文化,我们完全应该有充分的自信。而文化自信,是一个国家、一个民族发展中最基本、最深沉、最持久的力量。为此,我们决定组织编写这套"九说中国"丛书。

"九"这个数字，在中国传统文化中有着特殊的象征意味。在古时，九为阳数的极数，又是大数、多数的虚数，所以，既可以表示尊贵，也可以代表全部。据《尚书·禹贡》所载，大禹治水，后来称王，将天下划分为徐州、冀州、兖州、青州、扬州、荆州、豫州、梁州、雍州等九州；后来，九州可以代指整个中国。青铜器有"九鼎"，成语"一言九鼎"表示说话有分量。"九"还与"久"谐音，有长长久久、绵延不绝之意。

"九说中国"系列丛书在体例上力图打破传统的学科界限和历史分期，从文化表现的角度着眼，系统展示华夏五千年文明的核心元素与基本样貌，凸显中国思想的博大精深、中国文化的源远流长、中国精神的丰富多彩，进而揭示华夏文明所具有的独特气质和深刻内涵，展示华夏文明的兼容并蓄和强大生命力。

中华优秀传统文化需要创造性转化，需要创新性发展；转化与发展最终一定是从实处、细微处生发出来。"九说中国"系列丛书邀请对中国文化素有研究的学者，从承载中华优秀文化的诸多细小的局部和环节入手,从最能代表中国气质、中国气象、中国气派的人物、事物、景物、风物、器物中,选取若干精彩靓丽的内容,以生动的语言和独特的叙事方式,描述华夏传统的不同侧面,向读者传达中华优秀传统文化的精气神。

"九说中国"系列丛书将分辑陆续推出,每辑九种。第一辑九种书目,涉及文字、诗歌、信仰、技术、建筑、民俗日常,并推究建立于其上、传承数千年的华夏观念。为了让海外读者有机会了解中国文化的博大精深和丰富多彩,本丛书在适当的时候还拟推出多种语言的国际版。

上下五千年,纵横一万里。"九说中国"系列丛书力求涵盖面广,兼顾古今,并恰当地引入中外比照;做到"立论有深度,语言有温度,视野有广度",同时用当代读者喜闻乐见的表达形式加以呈现。

当然,丛书的编写是否达到了策划的预期,还有待读者诸君评鉴。欢迎各位随时提出批评改进的意见和建议。

目录

一 盘古开天辟地：
 中华初民的"元宇宙"与"创世说" / 001

二 女娲抟土造人：
 "我从哪里来"的朴素哲思与纯真想象 / 033

三 女娲炼石补天：
 中华民族的精神意志与生存能力 / 047

四 羲和御日：
 中华初民的太阳崇拜与时空思维 / 073

五 嫦娥奔月：
 中华初民的情感世界与月神塑造 / 109

六 羿射九日：
 中华民族的英雄品格与宏伟气魄 / 161

七 共工怒触不周山：
 "冲动"与"制怒"的情绪管理 / 193

八 牛郎织女会天河：

"爱情"与"真情"的心灵呼唤 / 213

九 神话里的"神圣化"与"人性化" / 267

参考文献 / 286

后记 / 289

壹

盘古开天辟地:
中华初民的『元宇宙』与『创世说』

神话是人类文化宝库中的奇葩,既蕴藏着深刻丰富的人文内涵,又充满了神奇瑰玮的艺术魅力,体现了人类强大的文化创造力和卓越的艺术想象力。中国远古先民集体创造的神话"盘古开天辟地",呈现出恢宏的文化气魄与鲜明的民族风格。

一 文献与诠释

  人类赖以生存的地球是怎么产生的?如此神奇奥妙、

变幻无穷而又丰富多彩的世界是怎么形成的?这是人类自从出现在地球上之后,就一直非常好奇的问题,一直在努力地寻找答案。中华民族对此更是始终没有停止过思考、追问和探索。当代考古发现,中华文化迄今持续发展近万年而未曾中断,从远古传说、器物遗存到文献记载,都保存着大量有关天地的认知、思考和推测的丰富信息。从某种意义上说,中华文化就是"以人为本""天人合一""厚德载物"的"天地文化"。

中国古代先秦时期的第一位伟大诗人屈原,创作了传颂千古的经典名篇《天问》,其开头"遂古之初,谁传道之?上下未形,何由考之?冥昭瞢闇,谁能极之"的深沉考问,表达的正是无法回答和解释开天辟地之前情景的困扰与烦恼。这几句的意思是说,在天地出现之前的远古开始之时,是谁引导推动了天地原始形态的出现与形成?在天地没有形成各自独立的形态之前,依据什么去考察天地的情形?在没有白天黑夜之分、没有明亮黑暗区别的浑沌状态中,谁能看清天地完整的情景?这些问题,无疑都是在追问天地形成的原因与过程,具有十分典型的普遍性。在人类悠久漫长的历史发展进程中，中华民族以其细致的观察、丰富的想象、深入的思考和集体的智慧，逐渐形成并提出了一个文化内涵极其丰富的答案，即创造了震撼人心的"盘古开天辟地"神话。

在目前看到的历史文献中，最早运用汉语言文字记载"盘古开天辟地"神话的，是三国时期吴国道士徐整的《三五历纪》：

> 天地浑沌如鸡子，盘古生其中。万八千岁，天地开辟，阳清为天，阴浊为地。盘古在其中，一日九变，神于天，圣于地。天日高一丈，地日厚一丈，盘古日长一丈。如此万八千岁，天数极高，地数极深，盘古极长。后乃有三皇。数起于一，立于三，成于五，盛于七，处于九，故天去地九万里。

细细阅读和深入体味，这则故事给人的突出感觉是，既形象鲜活生动又符合情理逻辑，既思想新奇深刻又充满艺术魅力，堪称中华创世神话的经典。

"自从盘古开天地，三皇五帝到如今"，这是伟人毛泽东的两句名言，广为人知。毛泽东引用了"盘古开天地"这个中华民族创造的创世神话，从人类历史源远流长的角度，凝练概括了地球的悠久古老与中华民族的发展历程，不仅文化内涵深刻丰厚，而且充满着历史悠久的自豪与文化发展的自信。毫无疑问，"从"是起点，"到"是目前，即中华民族起于"盘古"而持续发展到今天，其间也经历了"三皇五帝"时代。由此可知，毛泽东所说的关键词"盘古""三皇五帝""如今"，着眼点都是相关的历史时期。当然，没有人不明白"如今"的意思，这里也暂且不说"三皇五帝"，我们讨论的重点是"开天地"的"盘古"，并考察和了解其"开天地"的过程与方式。

实际上，"盘古开天辟地"创世神话的出现、形成与传播，是一个漫长复杂的历史过程，是族群集体参与的结果，而且不断丰富完善，融入了鲜明的中华文化与人文思想。

大约四十六亿年前，人类居住的地球还没有形成，既没有天,也没有地,更没有海洋山川,只有模糊不清、朦胧浑沌的一团气体,形状就像椭圆形的鸡蛋,在茫茫宇宙中飘浮旋转。这个小小的气团里,蕴含着一位开创未来世界的大神,他的名字叫"盘古"。

经过漫长悠久的孕育后,这个气团内部发生了巨大变化。清亮透明而又缥缈轻盈的"阳性"气体慢慢上升,历经亿万年,逐渐变成了蔚蓝色的天空;浑浊不清而又不断下沉的"阴性"气体,则逐渐凝结为辽阔宽广的大地。于是,慢慢形成了蓝天与大地的雏形轮廓。

盘古位于天地雏形的中心,每日都随着蓝天与大地的变化而生长。他的敏锐灵活表现得比蓝天还要神奇多能,毅力心志比大地还要坚实神圣。蓝天每日升高一丈,大地每日增厚一丈,而盘古也与天地一样,每日长高一丈。就这样,蓝天越来越高,已经上升到了不能再高的极限,而大地越来越厚,深度也达到了不能再厚的极限。在天地生长变化的过程中,盘古头顶着蓝天,脚踏着大地,以相同的速度与天地一起生长。他用自己的身体撑起了蓝天,使蓝天与大地之间的距离不断伸展和扩大,形成了巨大的空间，为孕育人类与世界万物创造了条件，并逐渐形成了后来人类共同生活的地球。从此以后，浩渺无垠的宇宙，又增添了充满生机活力的新成员，地球也由此开始了万物滋生的新时期。又经过了数亿万年的演化历程之后，地球上才开始出现人类的身影，而中华民族也随着人类历史的演进，慢慢地相继进入旧石器时代、新石器时代，进入燧人氏、伏羲氏、神农氏等初级文明发展的"三皇"历史时期，并不断创造着人类世界的东方文明。

蓝天与大地的形成，固然是一个宇宙自然发展变化的漫长过程，但与此同时也孕育了自身的内在规律与丰富文化，等待人类的发掘、认识与运用。比如，人类在日常生活中经常使用的由"零"到"九"这十个自然数，不仅蕴含着中华文化"单数为阳、双数为阴"的"阴阳"学说与事物发展变化规律的哲学思维，而且含纳着天地形成的演化过程与世界构成的多种元素。在中华传统文化里，"零"即是"无"；"无中生有"，从"无"发展产生出来的"有"就是"一"，这个"一"就是"天地浑沌"一体的初始状态;从"浑沌"一体发展到"阳清为天""阴浊为地"的"一生二"过程,就是天地开辟的过程。"三"为"天、地、人",这三者不仅共同形成和创立了自然世界,而且也是地球构成机制的三大基本主体,如同稳固的三角架;盘古开天辟地,成为地球的主人和人类先祖的象征,而"三生万物",构成了丰富多彩的自然环境与人类社会。"五"是物质与空间的"虚实"融合,既代表着构成千姿百态物质世界的五种元素"金木水火土",又代表着"东西南北中"五种空间方位。"七"更多地体现着时间的周期性,反映着阳气"盛极而衰""周而复始"的时间循环与事物发展的内在规律,如七日为一周之类。"九"代表着阳气变化的循环极限和运行机制相对稳定的状态,如"九九归一"的说法。"故天去地九万里"解释的正是"天地"的空间距离与节气运行的相对稳定性,民间"一九二九不出手,三九四九冰上走"之类的"九九歌",反映的也是既变化又稳定的规律。

在中华传统文化中,奇数为阳,而偶数为阴,阳清上而为天,阴浊下而为地,这正是中国古代"阴阳为天地之道"的规律认知，也是中华传统文化的重要内容。

二 盘古的形象

　　神话是人类对自然环境和社会生活观察思考与推想认知的艺术表达，属于文化领域的意识形态范畴，具有鲜明的思想性、形象性和艺术性。盘古是开天辟地神话中的主要角色，更是中华民族以集体智慧塑造出来的第一位开创世界的"大神"，具有十分突出的典型意义。

　　盘古形象的主要特点表现在以下五个方面：

　　一是先于天地而存在。"天地浑沌如鸡子，盘古生其中"，"浑沌"为天地尚未形成时的原始状态，虽然状如"鸡子"，而其中已经包含着盘古的因子了，这不仅交待了后来"天地开辟"神话的关键要素，而且突出了盘古与天地形成不可分割的关系。

　　二是与天地同孕育。经过了亿万年的演化，"浑沌"状态的天地一体，开始逐渐分离，"阳清为天，阴浊为地",成为两种类型与两种层次的物态,而盘古也在其中"一日九变",不仅再次强调了盘古与天地的密切关系,而且暗含着"天地人"三大基本元素。

三是与天地共生长。"天日高一丈,地日厚一丈",而盘古也是"日长一丈",就这样又经过了数亿万年的演变,才形成了后世人类与万物生存的世界,再次强调了盘古与天地的关联。

四是天地开辟的重大贡献。"天数极高,地数极深,盘古极长",正是由于盘古与天地的共同生长,才使天地分离的空间成果不断巩固和扩大,天高地深的背后,是由于"极长"的盘古立于天地之间,这也是对盘古"开天辟地"的重要诠释。

五是盘古富有思想意识。他"神于天,圣于地",具有无所不可的神奇能力与敏锐应变的超常智慧。盘古随着天地的变化而生长,用身体的能量擎天立地,开辟世界,不但呈现出"大神"的雄伟气魄与坚强毅力,而且也呈现着创造未来的勇猛活力与甘愿牺牲的奉献精神。这位中华文化中唯一一位与天地同生共长,且参与天地创造而先于人类的"大神",在中国远古众神谱系中,资历最为古老,也最受中华民族崇拜。

盘古形象,实际上是被神圣化、艺术化、理想化和拟人化了的宇宙自然元素,体现着超现实的虚拟性和文学性。在人类创造的众神形象谱系中,有着诸多分支类型,比如自然宇宙的"神化"、世界万物的"神化"、现实社会中人的"神化"等。无论什么类型,都被赋予了人的思想意识和理想品格,"神人交通"成为神话的普遍现象。盘古这位开天辟地的创世大神,自然也不例外。

盘古形象是中华先民的艺术创造,也是一个玄妙虚拟的推想幻象,充满神奇的色彩与魔幻的魅力。"盘古开天辟地"神话的根源,在于先民对地球形成的天真推测和儿童般的幼稚想象。这既是对地球起源和世界形成的思考探索,又是远古族群对现实世界创造性的艺术诠释。盘古形象的实质,是对自然现象的"艺术化""神圣化"与"人格化",是中华民族远古先民思想智慧启蒙的反映与人性意识觉醒的体现,也是对人类生命活力与创造精神的充分肯定,更是对人类潜在能力的认同。

盘古形象在开天辟地的故事中，不仅始终与天地同在同生，而且突出了他在天地开辟中"一日九变""日长一丈"所发挥的巨大能动作用，既符合人们的心理逻辑，又表现出生动的故事情节，饱含鼓舞人心的正能量，具有很强的文学性、思想性和视觉冲击力，体现着创作群体的丰富想象和艺术表现力。当然，盘古神话属于中华民族远古时期的口头创作，这对于满足远古先民的精神生活需求，无疑具有不容轻觑的重要作用。而盘古形象的重大意义在于突出强调了"人"为万物之灵，"神于天，圣于地"，具有认识世界、把握世界和建设世界的能力。南朝著名文学家任昉《述异记》称"盘古氏，天地万物之祖也"，正是对盘古创世地位的肯定。

总之，盘古形象最为重要的还是其"人"的象征意义，是对人的本质特征的艺术表现。应当指出的是，后世传说将"盘古开天辟地"理解为"盘古用身边的板斧劈开了天地"，不仅偏离了盘古发挥自身内在能量与作用的本义，而且于情于理都讲说不通，因为天地都还没有形成，哪里会有板斧？这或许是出于对"开天辟地"字面的误解。

盘古神话传说的虚构性与其传播方式的复杂性，加大了盘古研究的难度。近现代以来有关盘古的考证，几乎都忽视了盘古的"神"性形象，而多从现实社会中寻找原型与依据，陷入学术研究的误区。不少学者运用语言学、社会学、人类学、民族学甚至宗教学等多种学科知识，对盘古的名字语音、自身籍贯、地域族群、祭祀庙宇等进行学术研究，虽然产生了大批成果，对了解盘古神话的社会传播状况提供了有益的参考与帮助，却也将研究引入了"开天辟地"之"盘古"以外的误区，此种研究成果最多只能算作"盘古"影响的衍生研究。与此同时，学界也很少从盘古神话内含的深层文化意蕴出发，对其做人文内涵、艺术魅力和文学塑造等方面的深入分析。有鉴于此，这里仅据盘古神话的文献文本，梳理几点粗浅的理解。

首先是对"盘古"这一名称的内涵寓意的理解。中华文化"名辩"哲学内容丰富，"名学"理念鲜明突出，"名正言顺"，妇孺皆知。无论是人、物，还是事，名字概念，大都有其独到的内涵寓意。以"盘古"作为创世大神的名字，自然不会例外。从汉语言文字学层面看，"盘"的本义是浅而扁圆、盛放物品的器皿，这种器皿最早可能与人类原始宗教的祭神祭祖活动有关，后来用作动词，保留了圆形、围绕、回环的内涵元素，而引申为对事或物的回忆、梳理、盘算、清理等等。由此，"盘古"的字面意思，就是对远古时代事情刨根问底式的梳理，是对地球起源和形成的历史想象、猜测的回溯式整理，用通俗的口语讲，就是"说道说道"远古时期天地形成的那些事儿。因此，用"盘古"作为开天辟地创世大神的名字，恰当得体而又通俗明白。

其次是盘古的"神"性身份。"盘古开天辟地"是对"天地"早已形成和存在事实的反向推测与猜想，盘古是一位被想象和被虚构的大"神"，不仅先于人类而存在，而且先于天地而存在，现实社会中既不会有其身影，也不会找到原型。以往学者用语言学知识考证"盘古"为"盘瓠"之类的假借、转音、方言等等，试图考证确有其人或原型，似乎忘记了盘古"子虚乌有"的想象虚构性而误入歧途。尽管如此，盘古的确是天地形成不可或缺的重要元素，是天地形成的鲜活内因与强大动力，也是现实世界"天、地、人"三位一体的艺术对应与意识观照，暗示着人的灵性与智慧，体现着人在物质世界中的主导作用。简而言之，盘古既有神的身份，又是"人"的象征。

再次，盘古形象的人文意义。盘古形象的重大意义在于其人文思想的象征性。盘古是人类存在意识的象征、民族性格的象征，也是人文精神的象征。从某种意义上说，"盘古开天地"，既是中华文化"以人为本""天人合一"思想理念的形象化、故事化，又是人类创造能力和勇于担当的具体化、通俗化。盘古是文化艺术创造的智慧结晶，也是中华民族自强不息精神的生动体现。

复次，"盘古"神话思维模式的形象化。整体思维模式是中华文化的突出特征，无论是"天人合一"观念还是中医经络理论，都很具典型性。"天地浑沌如鸡子，盘古生其中"，正是整体思维的形象表述。"阳清为天，阴浊为地"中的"阴"与"阳"不仅是中国"道家"哲学乃至中华文化的重要概念，而且是对立统一、相反相成与相辅相成思辨模式的具体化。由"浑沌"状态到"天地开辟"，其中的盘古与天与地，不能不说是"一分为三"哲学观念的生动展现。

最后，"盘古"神话源于现实生活实践。同所有的神话故事、文学故事一样，盘古神话源于对现实世界的生活观察和深入思考。"浑沌如鸡子"就是通过比喻将虚无远古与现实生活连接起来，既形象具体，又生动可感。"鸡子"之喻就是通过对身边事物的观察，推想和猜测地球的原始状态。

总之，盘古是自然化的"神"而不是"人"的神化。盘古形象中的创造精神、民族性格和文化思想，永远值得世人敬仰与弘扬。以往学界试图说明其真实存在的众多研究与考证，其实都是误入歧途，因为把虚构想象的创世大神视为现实中的常人，逻辑前提就是不正确的，即便是为了寻求人类历史发展的痕迹与线索，也走错了方向。

三 盘古神的"人化"与"物化"

人类文化的古代传播主要有三种方式：传说、器物、文献。神话也不例外，且"神话"与"传说"经常合并为一个固定的名词"神话传说"，可见传说方式是最为原始和最为古老的方式，也是最为流行和最为普遍的方式。传说方式几乎不受任何客观条件的限制，而且讲故事的人与听故事的人之间，还可以当面交流对话，既增强了传播的鲜活性和感染力，又拉近了讲述人与听众间的感情距离。因此，即便发明文字之后，传说方式依然盛行不衰，甚至形成了专门从事讲述故事的职业。传说的即时性特点，也给故事的发挥与艺术再创造留下了广泛的空间和众多的机会。

盘古神话的传播，在未有文字之前，人们只能采用口耳相传的方式。在迄今见到的传世先秦典籍中，也检索不到"盘古"神话的文字记载。以"盘古"二字检索先秦"经部"典籍，竟无一处记载，虽然先秦典籍中不无与天地形成有关的片段文字，如老子《道德经》称"有物混成，先天地生"，认为在没有天地之前就有一种混沌的物质存在；庄子在《大宗师》中说"神鬼神帝，生天生地"，认为天地是由"神"创造出来的；汉代刘安《淮南子·天文训》认为比天地形成更早的"虚霩"时期，就存在着宇宙自然发展之"道"。"虚霩生宇宙，宇宙生气""清阳者薄靡而为天，重浊者凝滞而为地"，诸如此类的表述都是片断逻辑猜想和推论，均未提及盘古。

与开天辟地和创造万物有关的文献，记载最早且相对系统完整的当属《淮南子》，其《精神训》称：

> 古未有天地之时，唯像无形，窈窈冥冥，芒芠漠闵，鸿濛鸿洞，莫知其门。有二神混生，经天营地，孔乎莫知其所终极，滔乎莫知其所止息，于是乃别为阴阳，离为八极，刚柔相成，万物乃形，烦气为虫，精气为人。

这里虽有"二神混生"经营天地的描述，也有"精气为人"的说法，却没有出现"盘古"式生动神奇的艺术形象，流传不广，影响不大。当代学者李元星《甲骨文中的殷前古史》一文，从甲骨卜辞中探寻到六条与盘古有关的文字信息，虽然极其简略，但是可以嗅到盘古在殷商文化中的气息，由此可以判断盘古故事传播延续不断的痕迹。

此外，先秦典籍中也有一些看似与盘古神话有关的文字概念，其性质却截然不同。《庄子·应帝王》说，南海大帝"儵（同"倏"）"与北海大帝"忽"为中央大帝"浑沌"开凿眼、耳、口、鼻"七窍"，以便于其"视、听、食、息"，"日凿一窍，七日而浑沌死"。此处"浑沌"为名字，与盘古神话用"浑沌"形容和描述天地状态，字面相同而词性与内涵悬殊。《列子·天瑞》又说，"气形质具而未离，故曰浑沦"，"言万物相浑沦而未相离也"。此处"浑沦"与"浑沌"意有相近，却与盘古无关。先秦时期的经典文献《山海经·西山三经》描述天山之神"浑敦无面目"，明确指出"实惟帝江也"，此"浑敦"虽与盘古神话之"浑沌"音相同，而所指绝无联系。至于以东晋史学家干宝《搜神记》为代表的诸多志怪小说中所记述的"盘瓠",虽然被后世说成一些边远部落的祖先,甚至为《宋书》《隋书》《元史》等众多史书记载,但是,"盘瓠"与"盘古"没有丝毫联系,更不是创世之神。

那么,先秦典籍中为什么看不到"盘古"神话的记载?略加梳理,大概有这样几方面原因:其一,先秦典籍内容以"实录"为基本原则,重在记述史实与实迹,内容上呈现着记人记言、记事记物的突出特点,故有"六经皆史"之说,而神话属于非现实的虚构想象,缥缈奇幻,无有真凭实据,虽然可以随意口耳相传,满足人们好奇、猎奇的心理和精神生活的需求,但绝对不符合入典入籍的"务实"标准,所以自然找不到关于盘古的记载,汉语成语"荒诞不经"正是最好的说明。其二,中国古代传统文化的主流是以人为本、关注现实、经世致用的儒家学说,尤其是儒学体系的创建者孔子,成为"不语乱力怪神"的表率,《庄子·天运篇》描述孔子向老聃介绍自己研究和整理"《诗》《书》《礼》《乐》《易》

《春秋》六经,自以为久矣",六经经过孔子斟酌删定,没有盘古的信息是十分自然的事情。其三,孔子之后儒学传承弘扬的代表人物,几乎都以孔子为榜样,在传世著述中严格遵守"不语乱力怪神"的规矩,不必说孟子,即便如韩愈、欧阳修、苏轼这样的文化巨擘,在他们的著作本集中也找不到"盘古"的名字。

尽管如此,并不影响盘古故事以传说或其他方式广泛传播。根据饶宗颐先生《盘古图考》,东汉献帝兴平元年(194年),益州学堂周公礼殿壁画中的盘古神像,从图像的角度提供了很有说服力的证明,即盘古形象以"神"的身份被广泛认同。图像介于传说与文字之间,而汉代黄老之学盛行的文化大背景,也为盘古故事进入学校提供了可能。但是关于盘古神话的文字叙事,目前看到的最早文献,则是上面提到和引用的徐整《三五历纪》。此段文字是否为徐整原创或另有依据,目前难以考证,而自此之后,"盘古开天辟地"的故事,不仅被汉魏以后的神仙道教所吸收,如葛洪《枕中书》、任昉《述异记》之类,而且屡见于类书、史书、志怪小说乃至天文学著作等多种文献文本，如《艺文类聚》《太平御览》《绎史》《通鉴续编》《唐开元占经》《古今律历考》等，虽然各有发挥，不乏变化，而盘古的身份性质没有变，故事梗概也大体相近。

盘古神话的传播过程，也是集体参与创作和内容不断丰富的过程。即便徐整本人对于盘古故事的描述也不尽一致，其《五运历年纪》云："天气蒙鸿，萌芽兹始，遂分天地，肇立乾坤，启阴感阳，分布元气，乃孕中和，是为人也。首生盘古，垂死化身：气成风云，声为雷霆，左眼为日，右眼为月；四肢五体为四极五岳，血液为江河，筋脉为地理，肌肉为田土；发为星辰，皮肤为草木，齿骨为金石，精髓为珠玉，汗流为雨泽；身之诸虫，因风所感，化为黎甿。"这里的"盘古"不再是"天地浑沌如鸡子，盘古生其中"的那位与天地同生共长的"盘古"，而是天地"遂分"之后"首生"的"盘古"，成为第一位人类先祖，"垂死化身"为世间万物，正所谓此"盘古"非彼"盘古"，性质已经是"人"而不是纯粹的"神"。

任昉《述异记》继承前代"盘古氏，天地万物之祖也""生物始于盘古"的说法,又增加了"昔盘古氏之死也,头为四岳,目为日月,脂膏为江海,毛发为草木"的说法,不仅将创世大神转而视为人,而且进而将尸体各部分化作自然宇宙的万物。作者还分别记述了"秦汉间俗说:盘古氏头为东岳,腹为千岳,左臂为南岳,右臂为北岳,足为西岳;先儒说:盘古氏泣为江河,气为风,声为雷,目瞳为电;古说:盘古氏喜为晴,怒为阴;吴楚间说:盘古氏,夫妻阴阳之始也"等不同时代不同区域的四种说法,并补充道:"今南海有盘古氏墓,亘三百余里,俗云后人追葬盘古之魂也。"由此不仅可见盘古由神到人、由人到物的变化与内容细节的丰富,而且由此可见影响的深广与人们的崇敬。

唐代无名氏的《元气论》与任昉的《述异记》所记载的盘古传说有很多相近处。《元气论》如此描述盘古:

> 气成风云,声为雷霆,左眼为日,右眼为月;四肢五体为四极五岳,血液为江河,筋脉为地理,肌肉为田土;发髭为星辰,皮毛为草木,齿骨为金玉,

精髓为珠石，汗流为雨泽；身之诸虫，因风所感，化为黎甿。以天之生，称曰苍生；以其首黑，谓之黔首，亦曰黔黎。其下品者，名为苍头，今人自名称'黑头虫'也，或为'裸虫'，盖盘古之后，三皇之前，皆裸形焉。

其内容涉及的范围又有明显扩展。唐代释澄观《大方广佛华严经随疏演义钞》卷四十二记载：

盘古死，头为甲，喉为乙，肩为丙，心为丁，胆为戊，脾为己，胁为庚，肺为辛，肾为壬，足为癸，目为日月，髭为星辰，眉为斗枢，九窍为九州岛，乳为昆仑，膝为南岳，股为太山，尻为鱼鳖，手为飞鸟，爪为龟龙，骨为金银，发为草木，毫毛为凫鸭，齿为玉石，汗为雨水，大肠为江海，小肠为淮泗，膀胱为百川，面轮为洞庭。

此说将十"天干"等诸多文化元素糅入其中，则更为细化、细致和细腻。

北宋曾丰《盘古山记》记述淳熙十年（1183年）至盘古山祷雨所见所感，其中说到方志《南康记》中记载此山原名叫"盘固"，"'固'讹为'古'耳"。曾丰说："盘古，混沌时，神人所为立天地者。天地立矣，心不有其功，一归之太空。"他还认为改称"盘古山"是因为"后人思盘古之功，因而其名志之"，即改名是为了对盘古表示敬仰与纪念。

明代陈继儒《书蕉》卷下"盘古氏"条称："《九域志》谓广陵有盘古冢。《述异志》谓南海有盘古冢，亘三百余里。《录异记》谓成都盘古庙，有三郎之名。《荆风土记》谓十月十六日为盘古生辰，可占冬时阴霁。湘乡有盘古村，赣之会昌有盘古山，或以湘赣为盘古氏显化之所。"从广陵、南海、成都、荆楚等地有关盘古的墓冢、山庙、村落和风俗，均可一窥盘古神话传播之广，影响之深。

通过上面的梳理，我们可以知道，盘古开天辟地的神话故事，有一个开放性很强的叙述系统和传播形式，人们在传播过程中不断地对这个神话故事加以丰富和延描述盘古开天辟地和创造世界的过程或细节，但是都运用了盘古开天辟地的典故内涵，作为艺术表现手法来突出主题，增强了作品的形象性、生动性与艺术感染力。

宋代不仅继承和发扬了唐代的传统，而且还将盘古神话运化于词中。刘仲讷《水调歌头》抒写中秋之夜"忽到广寒宫"，"解后姮娥"，"奇特世难同"的优美梦境，感叹"自从盘古有月，便有此山仙翁"，希望"明月既无尽，公寿亦无穷"；沈瀛《减字木兰花》"竹引清风。透入虚窗窈窕通。仰天酌酒。万八千年盘古寿"写隐居的快乐与长寿不老的期待；司马光《藏珠石》诗"或者女娲补天余，却下青冥遗耳珠。不然盘古戏为乐，聊取天弧弹朱雀"，借用"盘古""女娲"的神话故事称赞"藏珠石"的珍贵；曾巩《幽谷晚饮》诗"旁生竹相环，竦竦碧千个。遥源宵难窥，盘古坦如磋"，用"盘古"描绘其创造出的群山景象；黄庭坚的父亲黄庶在《斑石枕联句向宗道》诗中用"定渍盘古苔，想漏神农药"赞扬斑石枕材质的古老珍稀与益于健康的功效。这些都是很典型的例子。胡宏《皇王大纪》卷一云："盘古氏生于大荒，莫知其始。仰观天倪，俯察地轴，明天地之道，达阴阳之变，为三才首君，于是宇宙光辉而混茫开矣"，从历史悠远、创世贡献和身份定位三方面介绍"盘古"。王十朋《盘古庙》云："盘古千千古，江头遗像存。伏羲犹后辈，礼殿尽诸孙。不屋昔非陋，有祠今未尊"，着眼于"庙"来写人们对"盘古"的纪念与崇拜。林光朝《徐广文生朝》古体诗开篇"盘古一笑鸿蒙开，神马负图从天来"，即着眼于人文，从"盘古"写起。程珌《祭叶水心文》用"仰窥盘古之初兮，俯占来代之期"来称颂叶适学问博大精深；赵汝谈《翠蛟亭和巩栗斋韵》五言古诗不仅用"天开混沌窍"称赞友人的文思如涌，而且以"日洗盘古髓"称赞友人治学勤奋，用"盘古髓"比喻材质最好的砚台。严羽《悯时命》云："访混沌之所止兮，超青冥而历荒忽。抚盘古之顶兮，挽天皇之臂。敘余心而陈词兮，曷为乎鸿荒之不再世"，以丰富的想象表达其思考的深广。以上这些作品都反映出盘古形象人文意义的深远影响。

元明清时期是戏剧小说的繁荣期。寓教于乐且深受人们欢迎的戏剧小说，让盘古神话获得了更多的表现空间。元代刘时忠的套曲《端正好·上高监司》之后套《耍孩儿十三煞》，以"天开地辟由盘古，人物才分下土"入曲，将盘古搬上了戏台；无名氏《赵氏孤儿》第十出以"不说盘古共三皇，不说夏禹共陶唐"将盘古作为引出戏剧故事的重要元素。至明清时期，盘古形象不仅大量进入小说，甚至也进入了著名思想家的视野和笔下。明代刘伯温《二鬼》篇一反前人盘古死后血肉身体化为山川江海的说法，而以宇宙自然景物作为构造盘古形象的基本元素："忆昔盘古初开天地时，以土为肉，石为骨，水为血脉，天为皮，昆仑为头颅，江海为胃肠，嵩岳为背膂，其外四岳为四肢。四肢百体咸定位，乃以目月为两眼，循环照烛三百六十骨节，八万四千毛窍，勿使淫邪发泄生疮痍"，表现出令人耳目一新的独到创新性。李贽《史纲评要》第一卷《三皇五帝纪》甚至将盘古纳入了人类文明发展史的范畴，高度评价其贡献："相传首出御世者，曰盘古氏，又曰浑敦氏。生于太荒，莫知其始。明天地之道，达阴阳之变，为三才首君，于是混茫开矣。"王世贞《元始上真众仙记》说"有盘古真人自称元始天王,游于其中",虽然从道教立论,也可以看出盘古的影响。小说领域几乎达到了没有盘古不成书的地步。诸圣邻《唐朝开国演义》小说第一回中的诗句"天地原从太极分,始生盘古立人伦",视盘古为中华民族始祖;许仲琳《封神演义》开篇即言"混沌初分盘古先,太极两仪四象悬";罗懋登著百回小说《三宝太监西洋记》,其中言及盘古神话者竟有十一章;《西游记》起笔就是"混沌未分天地乱,茫茫渺渺无人见。自从盘古破鸿蒙,开辟从兹清浊辨"。此外,还有《石点头》第三卷之"自盘古开天,所重只得天地君亲师五字"、《红楼复梦》第八十三回之"自从盘古开辟以来,便是有情的宇宙"、《镜花缘》第十六回之"盘古旧案"、《七侠五义》第六十八回之"盘古寺"、《再生缘》第三十六回之"自从盘古到如今,异事奇端也尽闻",如此等等。

总之,盘古开天地的神话传说进入诗词、小说、戏剧之后,大都以常识性的典故形式出现,表明了盘古形象深入人心,流传深广。

貳 女娲抟土造人："我从哪里来"的朴素哲思与纯真想象

在中华民族的创世神话中，女娲是中华先民创造的"圣母"，她不仅用自己的辛勤劳动和聪明智慧创造了人类，赋予人类以生命和活力，而且还用自己的神奇能力保护世界与人类生灵。关于女娲的神话，民间传说的历史悠久，典籍记载丰富，先秦典籍如《楚辞》《礼记》《山海经》《淮南子》，秦汉以来的文献如《史记》《汉书》《风俗通义》《帝王世纪》《独异志》《绎史》等都有涉及。这些文字记载，实际上有两个"女娲"形象，一个是"抟土做人"与"炼石补天"的创世大"神"，另一个是与伏羲婚配生活并"制造笙簧"乐器的人间"女皇"。我们讲述的是前者,这里先说"女娲造人"的神话。

一 文献与诠释

  俗说天地开辟,未有人民,女娲抟黄土作人。剧务,力不暇供,乃引绳于絚泥中,于举以为人。故富贵者,黄土人也;贫贱凡庸者,絚人也。
    ——宋·李昉《太平御览》卷七十八
    《皇王部三》引东汉·应劭《风俗通义》

自从盘古开天辟地以后,茫茫宇宙间诞生了地球这个新成员,然而在这个恢宏辽阔的世界里,初期并没有什么人类的存在。数亿万年之后,人类神奇地出现在地球上。伴随着人类的出现,"我是谁""我从哪里来""是谁创造了最早的人类"等诸如此类的问题,自然成为中华先民探索、思考、讨论和始终困惑的问题。在漫长的愚昧时期，人们怀着强烈的求知欲望，运用丰富的想象力，做着各种各样的猜测，试图解释"人的出现"这一宇宙奥秘，找出蕴含在其中的答案，以满足人们的精神需求。于是，人们在当时的历史条件下推想，只有无所不能的"神"，才有可能创造出"人"。人们首先想象和塑造出一位创造人类的"神"，并且给这位"神"起了个名字叫"女娲"。在人类的现实世界里，女性孕育和生产人的真实情况，让人们觉得最早的人类创造者也一定是一位女神，这是"女娲造人"神话传说的认知基础。汉字的"娲"，本义是年轻的美女，发音与"娃"或"蛙"相同，"娃"象征着年轻与旺盛的生命活力，而动物的"蛙"因产卵数量极多，代表着强大的繁殖生育能力。先民们将这些美好的人文元素，都赋予了他们想象的创造最早人类的"神"，所以将其命名为"女娲"。

不仅如此，先民们还想象出了女娲造人的物质材料和生产方式，即"抟黄土做人"与"引绳为絚人"。开始的时候，女娲用黄土造人。她把黄土揉捏成团，再依照自己的样子做成人的形状，这样，就造出了一个又一个的人。但是，这种用黄土造人的方法，从选料准备到制作完成，需要经过很多工序，不仅消耗大量的时间和精力，而且速度很慢，效率不高，女娲觉得自己的体力精力和时间都不够用，所谓"剧务，力不暇供"，表达的就是这个意思。于是，女娲创造出一个相对省时省力的好办法：她将可以不断接续和延长的绳子，放入"緪泥"这种含有植物纤维的稀泥中，然后把绳子从泥中一节一节地慢慢抽出来，每当抽出一节已经被"緪泥"裹住的绳子，女娲就用双手捧着泥绳吹上一口仙气，由此抽出的泥绳就连续不断地变成了一个又一个活生生的"人"。

由于女娲前后使用了两种不同的造人方式，人类也就出现了"富贵"的人与"贫贱"的人这两类人群。用黄土抟成的人成为身份显赫、生活优裕的贵族群体，而用绳索抽引"緪泥"快速制作的"緪人"，成为生活贫穷、社会地位低下的平庸百姓。这两类人群的区分，实际上反映了女娲造人神话传说形成时期的社会状况，已经存在人与人之间的差别。

应当指出的是，宋代之后乃至当代的教材课本选用

"女娲造人"神话，往往没有"縆"字与"亏"字，减少甚至丢失了应有的文化信息。其实这是两个不可移易的非常重要的关键字。在中国汉字文化中，"縆泥"是一个内涵固定而不能分开的名词，"縆"是植物纤维编织的粗绳，经过长期使用承受拉力减弱或者破损之后，人们往往将其剁碎掺杂在土中和泥，作为火炉膛壁、建筑墙面或器物雕塑的重要材料，直到现在依然存在于现实生活之中，这种将植物纤维或者动物毛发（包括人）放入土中搅拌和成的泥，其突出特点是由于纤维的作用而不容易开裂，所以被广泛应用于建筑或日常生活的诸多方面。"亏举以为人"之"亏"，在古代汉语中是象形字，本义为吹气呼吸，甲骨文的字形就是表示呼吸状态和变化情景的；《说文解字》称"亏"为"象气之舒亏"，即字的形状象征着喘气的样子；明代的《洪武正韵》明确指出"'亏'与'吁'通"，也是说的"吹吁"之义，古代经常将"吁"省写为"亏"。这里的"亏举"就是"吁举"。虽然和"於"的简化字"于"字形一样，但是读音与内涵截然不同。至于"举"，则为象形字，本义就是双手托

二 女娲抟土造人："我从哪里来"的朴素哲思与纯真想象　　039

物,常常引申为"生"的意思,即双手托着刚刚诞生的婴儿。

二 诗词呈现

女娲"造人"神话故事的出现,既是当时现实生活女性生育情景的真实反映,又是远古母系氏族社会历史的艺术体现。造人神话包含着史前人类生殖崇拜的相关信息,也有原始母系社会女性崇拜观念的影子,真切生动地反映了中华民族以土地为生命的"农耕文明"本质。《庄子·在宥》所说的"百昌皆生于土而反于土",意思是说:世间所有的生命,都是由泥土中产生出来,不仅依靠土地生长生存,而且死亡之后又回归于泥土中。

女娲抟土造人的神话,有学者根据《楚辞·天问》"女娲有体,孰制匠之"的记载,认为先秦时期已经广为流传,但比较完整的文字描述,则最早见于东汉应劭的《风俗通义》。《风俗通义》原书三十卷,附录一卷,已经散佚流失，现在传世本仅有十卷。宋代李昉《太平御览》卷七十八"皇王部三"与卷三百六十"人事部一"均有引录，文字略有不同。本章开头引用的是卷七十八的原文，文化信息量相对比较丰富；而卷三百六十所引文字为：

> 天地初开未有人，女娲捣黄土为人，力不暇，乃引絙于泥中以为人。富贵，黄土人也；贫贱凡庸，絙人也。

与《太平御览》卷七十八的引录相比，文字虽然略少，却有通俗性的特点。

将女娲造人神话作为诗歌题材的，除了《楚辞》之外，目前见到最早的作品当属唐代李白《相和歌辞·上云乐》：

> 女娲戏黄土，团作愚下人。
> 散在六合间，濛濛若沙尘。

二 女娲抟土造人："我从哪里来"的朴素哲思与纯真想象

生死了不尽，谁明此胡是仙真。

李白在诗中歌颂了神话传说中的女娲创造人类的巨大贡献，也艺术性地描述了人类发展的历史。此后，皮日休的《偶书》则不仅描述女娲使用绳索与"絚泥"制造了"贫贱凡庸"的人："女娲掉绳索，絚泥成下人"，而且指出"至今顽愚者，生如土偶身"，认为那些用"絚泥"做成的顽皮愚蠢的人，终生无所作为，的确就像土偶一样。诗的下半部分对于那些用"黄土"做成的所谓"富贵"之人，作了"云物养吾道，天爵高我贫。大笑猗氏辈，为富皆不仁"的道德批判。诗人对当时的社会现实作了分析批判，提出了自己的认识。

女娲造人神话在宋代诗歌中，往往被赋予了更多的人文内涵而呈现着丰富的思想性。北宋著名诗人田锡《读翰林集》曰：

天风吹雨来，黄土为柔埴。
一经女娲手，蹶然含性识。

> 悲哉商子孙，不能述祖德。
>
> 愚朴变浇漓，化之尤费力。

作者不仅突出了女娲用细腻的黄黏土创造人类的神奇，而且特别强调了女娲制作出来的人具有了"性识"，即人的本质属性和认知能力。诗人遗憾地认为，可惜后世的人们没有把这些优良的品质继承下来，反倒"愚朴变浇漓"，世风日下，对于人们的思想引导和社会教化更加费力，表达了对当时社会风气的批评与不满。

宋代僧人德洪《好菩萨》曰：

> 好菩萨，人中来。好菩萨，羊中来。
>
> 女娲弄土飞尘埃。
>
> 洛阳楼阁非愿力，众生业影空崔嵬。
>
> 苾刍心不在法道，鲜衣美食何为哉。
>
> 好菩萨，人中来。好菩萨，羊中来。
>
> 女娲弄土飞尘埃。

诗歌以"女娲弄土飞尘埃"为结构全篇的中心线索,首先用佛教语指出"好菩萨"都是从众人之中修炼出来,而生肖属"羊"的人本命佛就是佛教密宗尊奉的最高神明大日如来,与菩萨有着密切的缘分。女娲用黄土创造了人类,因为有了人,才能使洛阳城亭台楼阁林立,一片繁华热闹,芸芸众生各操其业,雄伟壮观,气象非凡。就连那些出家的佛弟子"苾刍",也经不住"鲜衣美食"的诱惑。全诗的宗旨实际上是在歌颂"女娲弄土"造人创造了世界的繁荣,佛家也受益其中。

南宋诗人潘牥《相士》诗:

> 女娲抟土费工夫,个个生来个个粗。
> 有底终须还富贵,无时换不得头颅。
> 若还非我安知我,莫道今吾非故吾。
> 也要终南分一半,麻衣还肯点头无。

诗以鲜明生动的口语,颂扬女娲"抟土费功夫"的辛勤创造,讲述开始"个个生来个个粗",全都一样,但是后来的人生道路和结果却不一样，有的荣华富贵，有的性命不保。"非我""知我"与"今吾""故吾"之辩，则带有了更多浓厚的哲学思辩色彩。这些内容都体现了人的思想与社会变化的复杂性。

清代袁枚《小仓山房诗集》卷三十一《遣怀杂诗》句云：

> 女娲抟黄土，濛濛沙尘飘。
> 百千亿万年，回转无停镳。
> 而我生其间，泰山一鸿毛。

作者赞颂女娲造人创世，才有了人类"百千亿万年"的连续发展，从来没有停歇过。诗人感叹自己的个体生命与人类世界相比，就像泰山上的一根鸿毛，体现着宇宙历史无限与个体生命微小的哲学思考。

叁 女娲炼石补天:中华民族的精神意志与生存能力

一　文献与诠释

往古之时，四极废，九州裂，天不兼覆，地不周载，火爁炎而不灭，水浩洋而不息，猛兽食颛民，鸷鸟攫老弱。于是女娲炼五色石以补苍天，断鳌足以立四极，杀黑龙以济冀州，积芦灰以止淫水。

苍天补，四极正；淫水涸，冀州平；狡虫死，颛民生。背方州，抱圆天。和春阳夏，杀秋约冬，枕方寝绳。阴阳之所壅沈不通者,窍理之;逆气戾物、伤民厚积者,绝止之。当此之时,卧倨倨,兴眄眄,一自以为马,一自以为牛,其行蹎蹎,其视瞑瞑,侗然皆得其和,莫知所由生,浮游不知所求,魍魉不知所往。当此之时,禽兽蝮蛇,无不匿其爪牙,藏其螫毒,无有攫噬之心。

考其功烈,上际九天,下契黄垆,名声被后世,光晖重万物。乘雷车,服驾应龙,骖青虬,援绝瑞,席萝图,黄云络,前白螭,后奔蛇,浮游消摇,道鬼神,登九天,朝帝于灵门,宓穆休于太宜之下。然而不彰其功,不扬其声,隐真人之道,以从天地之固然。何则?道德上通,而知故消灭也。

这段女娲"炼石补天"的神话出自汉刘安《淮南子·览冥训》第六卷,唐代徐坚《初学记》卷九、宋代李昉《太平御览》卷七十八等很多典籍都有转录和保存。神话内容并不仅限于"补天",而是围绕"补天"突出了女娲勇于救世护民和战胜自然灾难的神奇智慧与雄伟气魄，既歌颂了女娲创立世界秩序和护佑人类生存的巨大功德，又称扬了女娲低调做事而不居功自傲的高贵品质。

神话分为三部分。第一部分描述"天塌地陷"的重大自然灾难与女娲"补天救世"的生动情形。在数亿万年前的远古时代，地球上曾经发生过巨大的灾难，支撑世界东西南北方向的四大擎天巨柱折断倒塌，中华大地上的冀州、兖州、荆州、豫州等许多区域地面崩裂塌陷。天上出现了巨大的漏洞，已经不能罩住和覆盖所有的大地，而大地的塌陷也无法完全承载世间万物。猛烈燃烧的火焰蔓延于群山，奔腾咆哮的洪水四处泛滥而不能停止。地面上凶猛的野兽攻击和猎食惊恐淳朴的人群，空中凶猛的恶鸟也时常俯冲下来，用尖硬的利爪抓食残弱的儿童或老人，世界陷入一片惊恐混乱中。

为了拯救和保护人类，女娲烧炼出青、白、红、黑、黄五种色彩的巨石，用来修补天空中的漏洞。她又砍下北海巨鳌四条粗圆坚实的腿作为擎天之柱，用来支撑起东西南北四个方向的苍天。女娲还杀死了北方制造洪水灾害的黑龙，来拯救和帮助冀州地区的人们避免继续遭受洪水的更大伤害。她把焚烧芦苇的火灰堆积起来,遏制和阻止洪水的泛滥,保护人们的生存。

在上面第一部分的故事里,有几个问题值得注意:一是女娲为什么炼的是"五色石"?其中蕴含的文化内涵是什么?二是女娲为什么"断鳌足以立四极"?三是女娲为什么杀的是"黑龙"?这里边涉及中国古代道教文化的一些知识。在"阴阳五行"学说中,"青白红黑黄"五色代表着"东西南北中"五个方位,而黑色对应北方,北方属阴;在"木金火水土"五种元素中,"水"代表北方,且"鳖"或"鳌"即玄龟,玄龟与黑龙也都是北方的典型标志。一般而言,元素、方位、颜色有如下的对应关系:

水属黑,对应北方;

木属青,对应东方;

火属赤,对应南方;

金属白,对应西方;

土属黄,对应中方。

这些中国古代传统文化的重要元素正是女娲炼五色石以

补苍天的文化基础。

第二部分描述女娲"补天"之后人们和平安宁的生活情景。首先是人们生活环境得到很大改善。女娲使用了炼出的三万六千五百块"五色石"修补好了天空的漏洞，东西南北四个方向也因鳌足巨柱的支撑而不再倾倒歪斜，泛滥的洪水消退了，曾被洪水淹没的地方开始干涸，处于北方的冀州整个地面上恢复了平静和安宁，危及人们生命安全的恶鸟猛兽销声匿迹，朴实善良的百姓在这块天圆地方的空间中存活下来。其次是人们的生活规律和秩序有了保障。人们在这块方形的土地上耕作，生活在圆形蓝天的怀抱中。人们遵守着一年四季天地变化的自然规律，春天耕作播种，夏季管理生长，秋天收割成熟的庄稼和丰富的果实，冬天则相约聚集在一起，共同度过寒冷的季节。人们枕着自己制作的方形枕头儿，睡在用纤维绳子编织的床上。当人们身体不适、阴阳不调、经络气血沉积堵塞而生病的时候，就会想办法通过调理身体的经络穴位来进行疏通和治疗；对于那些可能危及人们生命安全的邪气、疫气等暴戾之气，则提醒和禁止大家接近，避免造成伤害。同时还禁止那些不利于人们积累生活财富的事情发生，提高人们的生存和生活质量。

那个时候的人们，思想单纯，民风淳朴，和谐善良，没有什么心情抑郁或者不快乐。人们躺着休息的时候不会有什么忧虑的心事，起来劳作的时候也都十分专心，目不斜视，没有猜忌与争斗。人们或者将自己视同为一匹马，或者将自己视同为一头牛，像牛马一样不仅温顺地服从着召唤，而且行走或者劳作的时候稳重踏实，任劳任怨。人们观察世界和看待事物大都粗略模糊，不作细看深究，彼此之间诚实忠厚，近乎于幼稚无知，却相处得十分和谐。人们不知道自己是从哪里来的，就像漂浮流动的生物一样，没有目标，没有目的，也没有什么要求，又如山川中巨石树木的灵魂影子，不知道要去哪里，没有目的地。那个时候，就连猛禽走兽和毒蛇，也都收敛了自己的利爪，或者把螫伤人的利牙毒刺藏了起来，不再有抓食和伤害人们的恶意。整个世界都显得那么有秩序，不再有惊恐和混乱。所有这些，都是女娲补天之后呈现的景象。

　　第三部分歌颂女娲补天的丰功伟绩与不居功自傲的高贵品质。考察女娲补天的伟大功绩，其功之大向上可以达到天的最高处，即"九天"之上，向下又可以与地下极深的黄泉垆土相连接，功德之大，真可谓充塞天地之间。女娲的功德不仅与天地一样大，而且名声流传千万世，她给人类和世界带来的温暖，让万物生灵永远受益。此后，女娲以雷作为自己乘坐的车子，让生有翅膀的黄色飞龙驾辕拉车，又把没有角的青龙配在车辕两侧辅助，女娲手里拿着"绝瑞与天通"的奇珍美玉，端坐在绣着疆域图案的车垫上，车的周围有黄色的祥云缭绕，前面由白龙神兽引路，后面还有奔腾的一群小白龙"蛇"簇拥跟随，就这样向着玉皇大帝居住的天宫飘飘飞升，奔腾遨游在神仙与灵魂来往通行的蓝天路途中。

　　女娲来到"九天"这个天的最高处，在天界皇宫灵门这个地方拜见了玉皇大帝，然后安详静穆、澹泊自然地休息于天的中心——北极星所在的地方。女娲从来不标榜和炫耀自己炼石补天的功绩，不张扬自己拯救世界赢得的名声,不表露自己神仙的身份和修炼的精深,由此给人们造成天地自然变化本来就是这样的印象。女娲这样做的原因,就在于她想通过自己的行为示范来告诉人们,上帝有着掌控自然变化规律的能力与护佑万物的天地大德。女娲无私无畏造福人类的高尚行为,给人们做出了高尚品德的榜样,这会感染和启发人们的思想,让那些自私自利的智巧奸诈逐渐消失。

二 诗词呈现

关于女娲补天的神话,生活于大约公元前450年至公元前375年时期的列御寇,在他的《列子·汤问》里就认为,世界万物都有自身不完美的地方,天与地也是属于事物的一种,自然也有缺陷,所以"女娲氏炼五色石以补其阙;断鳌之足以立四极",这是属于情理中的事情。东汉王充《论衡》卷十一《谈天篇》第三十一条也有"女娲销炼五色石以补苍天,断鳌足以立四极"的记述，而且还包括了"天不足西北，故日月移焉；地不足东南，故百川注焉"这样对自然地理现象的解释。王充又指出，这是远古人们的传说，那时人们认为真的有这种事情，所谓"此久远之文，世间是之言也"。王充还指出了长期以来，文人就怀疑这个故事的真实性，只是既说不出什么不对的理由，又找不出可以代替这种解释自然地理现象的更好说法，同时还疑惑真的发生过女娲补天这种事情，所以长期以来，大家不敢进行正面讨论女娲补天神话的真实性。王充个人认为，从宇宙自然发展变化的规律和人情事理方面来看，这个故事实际上是人们幻想出来的，是现实中不存在的虚构，所谓"殆虚言也"。尽管如此，女娲补天的神话无疑在一定程度上满足了人们的好奇心，也提出了人们对于宇宙自然现象的观察思考和幼稚解释，所以一直广泛流传。至唐代，欧阳询等人于公元624年编纂的《艺文类聚》，其第八卷《水部上》引录了《淮南子》的说法："往古之时，九州裂，水浩漾而不息，于是女娲积芦灰以止淫水"，这里已经没有了"补天"内容，而仅存用芦苇灰来遏止洪水的做法。

女娲补天故事成为诗词歌赋的题材内容,目前见到的最早作品,是南朝梁代江淹的骚体赋《遂古篇》,其开头为"闻之遂古,大火燃兮。水亦溟涬,无涯边兮。女娲炼石,补苍天兮"。可以断定,这个开头是从刘安《淮南子·览冥训》中提取有关女娲补天的故事梗概后锤炼而成。至唐代,涉及女娲补天的诗歌渐多,但是往往不再拘于本事,而是作为夸张、比喻的修辞手法或渲染、烘托的表现手法出现在作品中。姚合《天竺寺殿前立石》云:

> 补天残片女娲抛,扑落禅门压地坳。
> 霹雳划深龙旧攫,屈桀痕浅虎新抓。
> 苔黏月眼风挑剔,尘结云头雨磕敲。
> 秋至莫言长矻立,春来自有薜萝交。

作者以天竺寺大殿前面耸立的一块"看花石"作为吟咏题材,而将其联想为女娲炼石补天扔掉的残片,虽然不是歌咏女娲补天本事,但运用丰富想象描绘殿前屹立的看花石，突出其历史悠久和四季变化，恰与天竺寺的环境氛围相契合。

李贺的经典名篇《李凭箜篌引》如此描绘音乐艺术：

吴丝蜀桐张高秋，空白凝云颓不流。
江娥啼竹素女愁，李凭中国弹箜篌。
昆山玉碎凤凰叫，芙蓉泣露香兰笑。
十二门前融冷光，二十三丝动紫皇。
女娲炼石补天处，石破天惊逗秋雨。
梦入坤山教神妪，老鱼跳波瘦蛟舞。
吴质不眠倚桂树，露脚斜飞湿寒兔。

诗歌全篇描绘梨园弟子李凭善弹箜篌的精湛技艺和震撼人心的艺术效果，并运用一系列神话传说来描述优美的音乐意境。"女娲炼石补天处，石破天惊逗秋雨"两句，就是渲染箜篌演奏乐曲时，声音突然变得激烈（即"石破天惊"）的巨大变化，以及由激烈又变而为细弱（即"秋雨"绵绵不绝于耳）的艺术效果，表现的主旨并不在于女娲神话自身。清人方扶南将此诗与白居易《琵琶行》、韩愈《听颖师弹琴》并论，认为是"摹写声音至文"，堪称知音的评。

韩琮《兴平县野中得落星石移置县斋》诗云：

> 的的堕芊苍，茫茫不记年。
> 几逢疑虎将，应逐犯牛仙。
> 择地依兰畹，题诗间锦钱。
> 何时成五色，却上女娲天。

作者描述自己在兴平县野外得到一块天空中坠落的陨石，于是将其搬到县衙内安置。诗人猜测陨石历史久远，可能多次遇到像汉代李广将军那样"射石饮羽"的猛将，遭受过强弓猛箭的攻击；又用晋代张华《博物志》卷十中有人乘木筏到达天宫牛郎织女星旁，又被劝回到人间的故事作比喻，说明陨石曾是天上的星星，现在选择来到人间，被安置于县衙"兰畹"书斋中。诗歌以"何时成五色，却上女娲天"收束结尾，是说这块陨石曾经是

"女娲炼五色石以补苍天"用过的石头，说明陨石历史源渊的悠久和珍贵，"女娲补天"神话在诗中也只是一种夸张渲染的艺术方法，从而提高了作品的情趣意韵与文化品位。

司空徒《杂言》（一作《短歌行》）以"乌飞飞，兔蹶蹶，朝来暮去驱时节"写太阳月亮"乌飞兔走"（"乌"是神话传说中太阳"金乌"的简称，"兔"是神话传说中月亮"玉兔"的代称），感叹时间过得飞快，而埋怨女娲只知道炼石补天，不知道"熬胶"用胶液来粘住日月，留住时间（即"女娲只解补青天，不解煎胶粘日月"）。全诗通篇运用神话传说来抒发惜时的情感，不仅浪漫色彩浓厚，而且意境雄伟开阔。

与唐代不同，宋代诗词中的"女娲补天"神话，往往作为被艳羡的对象而受到赞扬，其中包含着文人许多参政议政的政治抱负与为国为民的爱国情怀。这大约与宋代文化兴国的大政方针，以及皇室与文人共治天下的政治生态有着直接关系。

欧阳修被贬滁州时创作的七言古诗《菱溪大石》，首先讲述深秋季节，溪水变浅，发现了菱溪岸边有一块奇异的巨石，经多次勘察寻访，将巨石装载于车上，用三头大牛拉回城中，清洗打理后，放置南轩园中。然后他描述这块菱溪大石的稀有与珍贵：

> 南轩旁列千万峰，曾未有此奇嶙峋。
> 乃知异物世所少，万金争买传几人。
> 山河百战变陵谷，何为落彼荒溪濆。
> 山经地志不可究，遂令异说争纷纭。
> 皆云女娲初锻炼，融结一气凝精纯。
> 仰视苍苍补其缺，染此绀碧莹且温。

诗中化用"女娲炼五色石以补苍天"的神话故事，赞颂菱溪大石的神奇悠久、质地精纯，曾经是女娲用来补天的神石，历经亿万年的内蕴演化，才具备了深蓝色的"绀碧"绚丽与晶莹温润的特质。从而在表现自己对菱溪大石的喜爱珍惜之情的同时，也委婉含蓄地表达了自己在被贬滁州、不被重用的时期，依然保持儒家治国理政、有补于世的志向和坚守品格、不改初衷的本色。

郑獬《杂兴三首（其一）》云：

> 女娲炼五石，上补天之缺。
> 如锢黄金液，万古无由裂。
> 尧舜首制度，巨防高巀嶭。
> 后世日破穿，通为万鼠穴。
> 譬彼果蓏虫，熟烂恣攻啮。
> 岂无良工手，一起为施设。
> 非若天之鸡，前辈有夔高。
> 苟或不关心，女娲亦为拙。

全篇由女娲炼石补天本事写起，称赞其高度牢固性就如同浇铸了黄金溶液后又冷却凝固一样，永远不会裂开，即所谓"万古无由裂"。而唐尧虞舜这两位上古的贤明君主，又创建了人类社会健康发展的一系列思想和制度，就像高耸连绵的群山一样保护人类的发展，构成了"天人合一"的和谐世界。但是社会制度遭到后世的不断破坏，世风日下，就像腐烂的果实，被老鼠和各类虫子撕咬。虽然也有诸如唐尧虞舜时期负责典掌礼乐制度的"夔"、管理教化的司徒"契"这样著名的圣贤"良工"，帮助治理，挽救社会，仍然难以恢复女娲补天后形成的良好秩序。如果没有历代圣人的关心和教化，人类世界可能早就消亡了，女娲虽然能以神仙之力补天，却无法保证人类世界思想制度的健康发展，即所谓"女娲亦为拙"。显然，作者在诗中将"女娲补天"与"圣人治世"并列一起，视作不可分割的整体，突出了"圣人教化"也具有另外一种"补天"意义，强调了人文思想的重要性。全诗开头始于女娲，结尾收于女娲，女娲补天成为贯穿全诗的中心线索，展开议论，而不拘于"女娲补天"神话本身，更注重人文思想的作用，给人以深刻启发。这正体现了宋代文人善于思考、精于议论的时代特点。

苏辙《射蛟浦》诗曰：

> 江被浮阵云，岸壁立青铁。
> 胡为井中泉，涌浪时惊发。

水性本无定，得止自澄澈。

谁为女娲手，补此天地裂。

前四句描绘大江渡口"射蛟浦"的"江天一体"景象，天空浮云倒映水中，两岸青色石壁耸立，江面波涛汹涌。后四句议论"水性本无定，得止自澄澈"的特点，而以"谁为女娲手，补此天地裂"收束全诗，既是将眼前渡口景象比作"天地裂"，又暗含世界动荡人心不安的现实状况，内蕴深刻丰厚。作者实际上是以水为喻，含蓄说明"水能载舟，亦能覆舟"的道理，"女娲手""补此天"无疑是借用字面的一种比喻说法，表达经世济民、治理国家的思想抱负。

僧人德洪《寄华严居士三首（其一）》云：

仰惟陛下实英主，铸印消印如沛公。

补天正赖女娲手，万物吐气思春风。

诗中第三句"补天正赖女娲手"，实际上是对友人华严居士的称许,希望在正当国家用人之际,他能为国出力。王安中《题赵大年金碧山水图》诗也有"馀闻女娲炼石补天缺,石破压天天柱折。五色堕地金嵯峨,六鳌跨海吹银波"之句,将"女娲补天"神话作了很大的夸张拓展与演绎。张扩《天柱峰》诗曰:"神人断鳌立极处,一柱至今馀尺度。摩挲岁月不可穷,会见女娲曾手补。"作者借用"女娲补天"神话中"断鳌足以立四极"情节,描述天柱峰的神奇,将"鳌足"与"天柱峰"联系在一起,并由此联想女娲补天的情景,夸张手法的运用不仅增强了诗歌的生动形象性,而且提升了作品的雄奇意境与趣味性。

与张扩《天柱峰》内容相近的是李纲创作的同题诗《天柱峰》云:

巉巉千丈插烟空,始见天南一柱峰。
绝顶雾开擎日月,半岩云暝噫雷风。
俯临万壑林岕秀,高压群山气象雄。
谁道共工曾触折,断鳌端是女娲功。

作者在描绘了高入云端的天柱峰雄奇壮观景象之后，借"女娲补天"神话中"断鳌足以立四极"之说，称赞天柱峰的雄奇存在是因为女娲的功劳，暗寓着报效国家的豪情壮志。南宋末期陈岩的同题诗《天柱峰》则曰：

直拄虚空倚不斜，上通绛阙玉皇家。
若移此柱天西北，炼石无功说女娲。

从反面引用"女娲补天"神话，意思是说如果把天柱峰移到天塌下来的西北方向去支撑苍天，也就用不着女娲炼石补天了。

在宋代运用"女娲补天"神话创作的诗词作品中，最为难能可贵且值得十分珍视的是辛弃疾的《归朝欢·题赵晋臣敷文积翠岩》：

我笑共工缘底怒，触断峨峨天一柱。补天又笑女娲忙，却将此石投闲处。野烟荒草路。先生拄杖来看汝。倚苍苔,摩挲试问,千古几风雨?

长被儿童敲火苦。时有牛羊磨角去。霍然千丈翠岩屏,锵然一滴甘泉乳。结亭三四五。会相暖热携歌舞。细思量,古来寒士,不遇有时遇。

这是辛弃疾为友人赵晋臣题写的一首幽默风趣的友情词。"归朝欢"是词牌名,且与全词表现的内容密切相关。"题赵晋臣敷文积翠岩",交待创作此词的原因背景,既可视为题目,又可视为小序,"积翠岩"是全词内容的核心。起拍四句引用"女娲补天"神话故事,以丰富的想象将"积翠岩"视为女娲补天遗弃的"五色石",所以词人既"笑"共工没气度和修养,发怒触断不周山,造成天塌地陷的巨大灾难,引来女娲不得不炼石补天;又"笑"女娲缺乏从容不迫的镇静淡定,补天手忙脚乱,将此石遗落在荒郊野外,没有让这块巨石发挥"补天"的作用,却被人们称为"积翠岩"。由此点明了"积翠岩"的历史渊源和神奇来历,赋予其神秘色彩。其下十一句,运用拟人化手法描述词人与积翠岩的交流和对话过程。

词人对积翠岩说,自己拄着手杖艰难跋涉,经过了荒草淹没的野路,就是专门来看望你。词人倚靠在长满青色鲜苔的岩壁上,用手抚摸着岩石,询问积翠岩漫长的经历与磨难。积翠岩向词人诉苦说,自己常常苦于被顽皮的儿童用石头敲击来取火种,也经常有牛羊跑到这里来,在我身体上磨角,自己经常无故遭到欺负和伤害。词人听后安慰积翠岩说,你不仅是一道身世不凡的千丈岩屏,雄伟壮丽,而且还有甘甜的泉水相伴,泉水滴落的声音清脆悦耳。如此优美的环境,我们可以在这里建造三五处亭子,与朋友们一起来陪伴你,在这里相聚歌舞。作品最后三句是以议论的形式,感慨人生:"细思量,古来寒士,不遇有时遇。"这既是对"积翠岩"经历的理解同情,又是自己现实境遇的真实写照。与此同时,作者还巧妙地将友人的名字"不遇"与词人同"积翠岩"、赵晋臣的"相遇"融合一起,收束全词,意韵深沉含蓄,耐人寻味。

宋代以后,"女娲补天"神话在诗词中出现的频率大幅度降低,这大约与人们更加注重现实社会的思想观念有关。元代袁桷《玉署鳌峰歌》诗中有"女娲五色余刀圭，化为蓬莱东海之虹霓"之句，只是渲染神奇变化，已经难以看到"补天"的意思。如明代开国元勋刘基《丹霞蔽日行》中如此描绘夕阳晚霞的灿烂情景：

> 彤霞何煌煌，蔽此白日色。
> 炎埃被九野，照灼后土赤。
> 朱陵开火府，熻烂相荡射。
> 山蒸绛红气，川泻丹砂液。
> 穿玄变光曜，众草相烜赫。
> 迥迷河林蒨，高夺昆仑碧。
> 郁华不能神，踆乌已化魄。
> 女娲在青天，岁莫还炼石。

诗中只是将晚霞联想为女娲炼石的火光而已，已经不再具备女娲"补天"的本义。

清代钱谦益《初学集》卷二十的长篇古诗《效欧阳詹玩月诗》有"少年对月不解玩，长大玩月多牢愁""姮娥尔曾不如女娲氏，炼石会补青天阙"之句，这里虽然称扬女娲，而本义是在衬托月中的姮娥。乾隆弘历《瀛台木变石歌效李长吉体》诗句："会观木石兹同坛，为发为身一体全。亭亭杰竖无比肩，暖春生玉疑蓝田。磷磷烂烂出五源，女娲炼石兹尚存"，是将亿万年形成的木化石，视为女娲炼石的遗存而突出年代久远的可贵；其《登碧云寺金刚床塔》诗中有"太行西来历万古，杯水沧溟金弹吐。康回能使东南倾，女娲谁见西北补"等句，则对女娲补天提出了疑问。袁枚《小仓山房诗集》卷十一的"女娲补天天不喜，星辰错落本如此"诗句，把女娲补天视为改变自然面目的否定对象。谭嗣同《怪石歌七古》有曰：

石兮石兮何痀偻，女萝纷披带青绶。
我与子兮今邂逅，殊胜弯弓命镞鍭。
手持木杵宣大叩，雷雨夜鸣狮怒吼。
怪哉补天女娲后，此石不炼绝悠谬。

三 女娲炼石补天：中华民族的精神意志与生存能力

诗人认为这块"怪石"一定是经过女娲烧炼过的神石,所以"其首秀而瘦,其腹漏而透,其貌陋而绉,其气茂而厚,其肤绣而籀,其纪旧而寿"。女娲补天在诗中也只是一种夸张渲染的艺术表现手法。

肆

羲和御日:中华初民的太阳崇拜与时空思维

一 文献与诠释

日，出于旸谷，浴于咸池，拂于扶桑，是谓晨明。登于扶桑之上，爰始将行，是谓朏明。

至于曲阿，是谓旦明。临于曾泉，是谓早食。次于桑野，是谓晏食。臻于衡阳，是谓隅中。对于昆吾，是谓正中。靡于鸟次，是谓小还。至于悲谷，是谓晡时。回于女纪，是谓大还。

经于泉隅,是谓高舂;顿于连石,是谓下舂。至于悲泉,爰止羲和,爰息六螭,是谓悬车。薄于虞泉,是谓黄昏。沦于蒙谷,是谓定昏。

日入崦嵫,经于细柳,入虞泉之池,曙于蒙谷之浦。

上面的"羲和御日"神话故事文献,是从唐代徐坚编撰的《初学记》第一卷中摘录出来的。这段文字来源于西汉刘安《淮南子》卷三《天文训》。《初学记》虽然晚于《淮南子》,但故事的完整性与内在的逻辑性,以及在措辞文采、行文等方面,明显优于《淮南子》的描述。这可能是经过了一定斟酌和加工的缘故,所以这里选择《初学记》为底本,参考和吸收了《淮南子》中的部分字句,同时综合考虑中华文化与太阳崇拜密切相关的认知,形成目前的"羲和御日"神话的文本。

需要说明的是,此处将题目修定为"羲和御日",旨在区分太阳神话与历史传说两类故事中的"羲和"形象。其一,"羲",据汉代许慎《说文解字》本义为"气",字形从"羊、禾、戈、丂",大概与太阳崇拜或神圣的原始宗教祭祀仪式有直接关联。中国古代常以"羲"来指代神奇超凡的帝王圣贤,如伏羲、羲和、羲仲等。"羲和"在中国古代神话传说中是太阳神的名字,既是主管太阳运行即"御日"的大神,又是太阳的化身,正如唐代李善在笺注《昭明文选·谢惠连〈秋怀〉诗》时所指出的那样:"羲和,谓日也","羲和"就是太阳的名字。其二,从文字学角度考察,"羲"与"曦"通,"曦"的本义是"太阳"或"阳光","羲和"即"曦和"。汉代以后文献谈及神话多用"曦和",如《全晋文》卷一百四十三之"彼曦和之长迈,永一日而万年"、卷一百六十五之"恢廓大宗,若曦和之出榑桑"、《全后魏文》卷五十九之"曦和迭驾,盲者尚迷其光"、《全后周文》卷二十三"抗馀燎于日月之下,而欲与曦和争晖"等等。为了区分远古神话与历史传说中名称一样而内涵不同的两类"羲和"形象,此处将远古神话中的太阳神统一为"曦和"。但在下面引用其他古籍文献时,依然遵从文献的原文,不作改动。其三,古代文献"御"皆用繁体,含有主管、主事、掌控等引申义,这里也遵从古代文献的传统用法,不取近代以来的"驭"字。

"羲和御日"神话,主要描述太阳一天运行的全过程,而以时间先后为序,分为"日出之前""运行过程""日落之后"三大部分,"羲和御日"是故事的主体和重点。

第一部分讲述日出之前的酝酿与准备。早晨的太阳总是从东方海平面上升起,而太阳升起之前,首先是从深山中晴朗的"旸谷"出发,来到湛蓝色的大海"咸池",这是天上仙女们洗浴的地方。太阳经过咸池海水的洗浴之后,轻盈地来到东方田野神秘而巨大的"扶桑"树下。旧题汉代东方朔撰写的古代志怪小说《海内十洲记·扶桑》称,扶桑"地多林木,叶如桑。又有椹,树长者二千丈,大二千余围。树两两同根偶生,更相依倚,是以名为扶桑也。"《太平御览》卷九五五引旧题晋代郭璞《玄中记》也有"天下之高者,扶桑无枝木焉,上至天,盘蜿而下屈,通三泉"的文字记载。扶桑神树高达二千多丈,耸入云天。这些神树都是成双成对地生长在一起，树根相互盘结，一直通到地下"三泉"深处。扶桑树木相依相扶，树干庞大，两千多个人伸开双臂合抱一棵树，也还是不能完全把树干围拢起来。太阳到达扶桑树下，恰是所谓"晨明"的黎明时分。这时，太阳沿着扶桑树干攀登上树的顶端，做好了即将开始运行的准备，这个时候的天空，呈现着"鱼肚白"颜色，正是将要天亮的时候，也是被人们称作"朏明"的时分。

第二部分描述白天太阳运行的历程。故事突出了太阳经过的八个地面位置与对应的时间节点，恰好六个时辰，即十二小时。其中"早食""晏食"为一个时辰，而"回于女纪"后不再属于运行时间。

太阳从东方冉冉升起，天已破晓，天空开始亮了起来，太阳运行到达第一站江苏丹阳的"曲阿"山，已经是白天的早晨，即所谓"旦明"，大约相当于凌晨五点钟。太阳运行到泉水遍地、水渠纵横的第二站"曾泉"这个地方时，已经是有人家开始吃早饭的"早食"时分，即上午七点左右。当太阳运行到下一站长满桑树的田野"桑野"这个地方时，正是那些习惯于上午九点才吃早饭人群的"晏食"时间,这是第三个站点。

在将要临近中午的时候,即上午十点前后的"隅中"时刻,太阳运行到了湖南的衡阳,这是第四个站点。十二点左右的正午时分,太阳运行到第五站个地点,下面恰好是南方的"昆吾"山,太阳垂直照射着山峰。当太阳走完了从昆吾山到西南方向"鸟次"山的路程,到达第六个站点时,已经是日光偏西的"小还"时刻,开始离太阳的"家"即落下去的地方越来越近了。而太阳运行到西南方那些令人恐惧悲伤的深壑峻沟——"悲谷"时,已经是下午四点前后,这是人们开始吃晚饭的时候了,"晡时"是一天十二时辰的"申时",即下午三点至五点,这已经是第七个站点,也是太阳运行的终点。"回于女纪"就是太阳回到了自己的家,太阳既然运行到了西方的终点,也就是回到了自己的家中,所以称为"大还"。中国古代认为,太阳是阳气的标志和象征,太阳息则阳气弱,阳气弱则阴气盛,没有了阳光自然就会变得阴凉。女性属阴,主于家中,"女纪"的本义就是女性为主的世界,"回于女纪"就是回到家中,结束了白天的行程。这也是人们"日出而作，日入而息"生活规律的体现与概括。

第三部分是讲述日落前后的情景。旨在以人们的感觉突出下午时间过得很快。"经于泉隅，是谓高舂；顿于连石，是谓下舂"四句，描绘太阳落山前的景象，以经过天边角落，如同"舂米"榔头由上向下捣落石臼那样迅速，即所谓"高舂"；而太阳接近地面山峦时，又像舂米榔头落在石臼稻谷中时的瞬间情景那样，稍微有一点点短暂停顿就结束了，即所谓"下舂"。"高舂"与"下舂"都是以古代生动的常见情景，比喻太阳从空中很快下落到地面，既突出了日落给人速度很快的感觉，又透露出夜幕即将降临的信息，隐含着一种微妙的留恋、遗憾、惋惜和忧伤。

太阳落山，标志着一天运行的结束，没有了太阳的温暖和明亮，加上夜幕的逐渐降临，使人们的心理蒙受着忧伤，"至于悲泉"既是写太阳的去处，又是写人们的心情。于是太阳神"曦和"在太阳落山后的黄昏时分，就停止了工作，负责拉着太阳车子的六条没有角的青龙——"螭",被卸下了辕套,进入了休息的状态,太阳乘坐的车子也被闲置——悬挂了起来,即所谓"悬车"。太阳落山后,白天的运行结束,但是并没有马上变为黑夜,而是还有一段从日落开始,到黑夜之前的过渡时间,这段时间被称为"傍晚"或"黄昏"。"虞泉"是太阳落下去的地方,又称"虞渊","黄昏"为十二时辰的第十个时辰"酉时",即下午五点至七点,这是日落以后到天还没有完全黑的一段时间。当太阳完全沉没在"蒙谷"山后,就是夜幕降临的天黑时刻,即"定昏"时候,此后便开始进入夜间阶段了。太阳落下去的地方叫作"崦嵫"山,《山海经·西山经》说此山在"鸟鼠同穴山西南三百六十里",郭璞注称"日没所入之山也。"太阳落山后,在遥远的西方野外细柳处,进入虞泉池休息度过黑夜,待到天快亮的时候,又在河流入海处准备着第二天的运行。

二 "羲和御日"与太阳崇拜

太阳是人类生存的根基,太阳崇拜必然成为人类普遍的文化现象和重要内容。太阳不仅是水星、金星、火星、木星、土星、天王星、海王星、地球这八大行星有序围绕并规律旋转的中心天体,而且为自然宇宙和世界万物的生命孕育与生长,提供着最重要、最关键和最基本的条件——光能与热能,由此成为全人类普遍崇拜的宇宙大"神"——太阳神。

21世纪初,由美国、秘鲁、埃及、印度、希腊等众多国际媒体合作,组织各国亿万网民广泛参与,评选出世界五个太阳崇拜起源地最重要的历史遗址。其中,位于中国境内山东省日照市天台山的太阳祭坛遗址,历史最悠久,为世界太阳崇拜五大遗址之冠,成为目前世界范围内最具代表性、最具典型性的太阳崇拜文化遗址,也是目前发现最早的中华民族太阳崇拜发源地。

在中华文化发展的历史长河中,太阳崇拜的岩画、图形、祭坛、标志性器物等，在在皆是。

在湖北秭归东门头遗址出土的石刻"太阳人"，距今已有7000年，石刻人头顶上有真实直观、生动形象的太阳，圆圆的太阳周边刻画着24条代表阳光和时间的射线。而太阳的图形恰如古代日晷仪的形状，甚至与当今的钟表盘相一致，24条太阳光刻线，大约象征着一年的二十四个节气或一天中的十二个时辰即24小时。中华民族三大文化理念中的"天人合一"，在石刻"太阳人"这里得到了形象具体的生动展现。

2001年出土于四川成都金沙遗址的商周太阳神鸟金饰，产生于距今四千年前后。金饰图案分为内外两个层次：外层由四只相同的逆时针飞行的三足鸟"神鸟"组成一个完整的圆环，似乎是四只金乌背负太阳运转，大约标示着春夏秋冬的变换与东西南北的方位。其内层中心是顺时针旋转的漩涡状造型，既像旋转的火球，又像正在运转着的太阳，12条弧形齿状，既像12道燃烧着的火苗，也像太阳发出的12道光芒，大约是象征着一年的十二个月份或一天的十二个时辰。太阳神鸟是古蜀人早期部落的图腾，"神鸟绕日"表达了中华先民向往太阳、崇尚光明的飞天梦想。尤其是神鸟与太阳两者运动方向相反，不仅是独特的艺术创造和完美的表现手法，而且也许是形象解释和深刻理解老子《道德经》"反者道之动"的最好案例。

中国近代考古发掘出土了大批表现太阳崇拜的器物，如：湖南高庙文化遗址出土的白陶簋及外底的彩绘太阳图像（距今约7800年）、湖南汤家岗文化遗址出土的模印绚纹白陶圈足盘及外底八角星图像（距今约6000年）、山东大汶口文化遗址出土的八角星纹彩陶豆（距今约5500年）、安徽凌家滩文化遗址出土的八星玉板和八星太阳玉鹰（距今约5000年）等等。这些都充分体现了华夏先民对太阳神的崇拜与形象创造的智慧。

三 诗词呈现

在博大精深的中华文化中，太阳与"天"都具有同样至高无尚的地位和深厚丰富的内涵。以农耕文明为主要特征的中华民族,"日出而作,日入而息",不仅生产、生活、生息全部依靠太阳的引导,而且田间作物的生长收获也依赖于阳光,人们对太阳具有极大依赖性和深厚感情的程度,不难想象。所以远古时期的众多部落与族群,各自以特有的形式展示着太阳崇拜的意识观念,并创造出一系列丰富多彩的太阳神话故事。"羲和御日"就是充分体现中华民族文化特色的太阳神话故事。

与中国远古时期的其他神话传说一样,"羲和御日"故事也是众多族群集体参与创作的历史过程,这是一个开放性很强、内容不断丰富的故事系统,呈现着很多不同的版本和说法,没有出现一个普遍认同、相对完整的故事版本。在未有文字之前的数千年乃至上万年间,是以口耳相传的方式流行于民间;发明文字之后,"羲和御日"神话也广泛进入了诗词作品创作中。在目前传世文献中,最早记载和保存"羲和御日"信息元素的当属《楚辞》中的《离骚》与《天问》。《离骚》中有如下一段:

驷玉虬以乘鹥兮，溘埃风余上征。

朝发轫于苍梧兮，夕余至乎县圃。

欲少留此灵琐兮，日忽忽其将暮。

吾令羲和弭节兮，望崦嵫而勿迫。

路曼曼其修远兮，吾将上下而求索。

饮余马于咸池兮，总余辔乎扶桑。

折若木以拂日兮，聊逍遥以相羊。

"驷玉虬"两句，是写乘驾着玉龙和凤凰拉的车子，突然离开了尘埃弥漫的大地而上升到天空的情景。"驷"在古代是指套着四匹马的车，这里是"拉"或"驾驶"的意思，而"玉虬"即玉龙，是羲和御日拉车的白龙；"鹥"是凤凰的别名，往往被用来代指"负日而行"的神鸟"三足鸟"。"朝发轫"两句是总写太阳一天的运行：早晨从东方的苍梧出发，傍晚到达西方的悬圃。"苍梧"属于东方的楚地而近海，与日出有关；"县圃"即"悬圃"，是神话传说中神仙居住的地方，位于西方的昆仑山顶，与日落有关。"欲少留"两句是写下午太阳落山的速度很快。"灵琐"代指神仙居住的府宅。"吾令羲和弭节兮，望崦嵫而勿迫"两句，是"羲和御日"神话中的具体情节，意思是说，我请羲和收起赶车的鞭子，以便让太阳稍停一下，因为已经可以看得到太阳落下去的地方崦嵫山了，不要赶得这么急迫。"路曼曼"六句中的"咸池""扶桑""若木""拂日"等意象辞语，也都与"羲和御日"神话密切关联。《天问》有"羲和之未扬，若华何光"句，东汉著名文学家王逸《楚辞章句》注释说"羲和，日御也。言日未出之时，若木何能有明赤之光华乎?"意思是说，羲和还没有扬起赶车的鞭子御日出行，太阳没有升起，青叶红花的若木之树怎么会有阳光照射呢?《天问》又有"出自汤谷，次于蒙汜""汤出重泉"等语，其中"汤谷""蒙汜""重泉"均为羲和御日中的地名或意象。《离骚》与《天问》中的文字虽然没有详细描述羲和御日的完整故事，但都包含或体现着"御日"的意思，而王逸的注释则更为明确地指出了羲和"日御"的身份。这说明羲和御日的神话故事在此之前，已经广为传播。

汉代的乐府诗《日出入》，是一首祭祀日神的歌谣，描述人们祭祀日神时的感受和感想，赞美日神生命之无限，慨叹人世今生之短暂，希望能像日神一样生命永恒：

> 日出入安穷，时世不与人同。
> 故春非我春，夏非我夏，秋非我秋，冬非我冬。
> 泊如四海之池，遍观是邪谓何？
> 吾知所乐，独乐六龙。六龙之调，使我心若。
> 訾黄其何不徕下！

这首诗的意思是说，日出日落，无有穷尽，这种长久永恒，与人生的短暂和世间的变化完全不同。所以，每年春夏秋冬四季的自然变化，对于太阳来说都是一样的，而对于世间的人来说却大不相同，经过一个季节就会减少一个季节。这是因为太阳的循环往复无穷无尽，而人的生命短暂有限。与太阳相比，人如同大海中的一滴水，十分渺小，生命短暂，除了珍惜时日，还能有什么可说的呢？让我最为快乐的就是由六龙驾车飞驰在天空的太阳，因为太阳的光芒让我的心里感觉到温暖。多么盼望太阳神能够真得降临人间，让人们充分享受快乐。诗中以"六龙"称太阳，就是运用了羲和以六条玉龙驾车御日的典故。

汉代如上面《日出入》这样运用羲和御日典故的作品并不多见，汉代之后则逐渐增多。晋宣帝司马懿《日升歌》用"东光升朝阳，羲和初揽辔。六龙并腾骧，逸景何晃晃。旭日照万方"描述太阳升起的动人景象。曹植《与吴质书》有"思抑六龙之首，顿羲和之辔，折若木之华，闭濛汜之谷，天路高邈，良无由缘"之句，表达想让时间过得慢一些的愿望，但是没有办法做到。阮籍《咏怀》：

悬车在西南，羲和将欲倾。
流光耀四海，忽忽至夕冥。
朝为咸池晖，濛汜受其荣。
岂知穷达士，一死不再生。

> 视彼桃李花，谁能久荧荧。
>
> 君子在何许，叹息未合并。
>
> 瞻仰景山松，可以慰吾情。

诗的前六句完全化用羲和御日的故事，意思是说，太阳到傍晚落山的时候，晚霞满天，依然流光四海，放射出光芒，夜间在仙界的咸池中沐浴后，到第二天的早晨，又从大海中勃勃升起，得以复生，傍晚的时候又到了落下去的地方濛汜，如此日出日落，死而复生，循环无穷。与太阳不同，作为世间的人，不但"一死不再生"，而且一生中的好时光，就像桃花李花的绽放一样，艳丽的时间也不长，反倒不如青松活得时间长久。由此，感叹太阳时间的久远与人生时间的短暂，寓意珍惜时光。

张华《招隐诗二首》（其二）有云：

> 羲和策六龙，弭节越嵫磁。
>
> 盛年俯仰过，忽若振轻丝。

作者是以曦和御日典实抒发"盛年"已过的感叹。南朝梁代陶弘景《真诰》以"羲和浴日于甘渊,乌飞司景于扶桑"描绘日出前的准备情况。以上这些作品,都是很典型的例子。

唐代"诗仙"李白的《日出行》是"曦和御日"最为生动、最为朴实和最为完整的运用与最为大胆地创造性发挥:

> 日出东方隈,似从地底来。
> 历天又入海,六龙所舍安在哉?
> 其始与终古不息,人非元气,安得与之久徘徊?
> 草不谢荣于春风,木不怨落于秋天。
> 谁挥鞭策驱四运?万物兴歇皆自然。
> 羲和羲和,汝奚汩没于荒淫之波?
> 鲁阳何德,驻景挥戈?逆道违天,矫诬实多。
> 吾将囊括大块,浩然与溟涬同科!

诗的开头两句描述"日出东方隈"的情形和给人"似从

地底来"的感觉；"历天"两句描述太阳白天的运行、傍晚的西落和夜间的休息，"六龙所舍"即太阳夜宿的地方。"其始"三句，是通过议论太阳日出日落亘古不变的永恒长久，感慨人生时间的有限与短暂。其下"草不谢"两句讲述自然界的景象，花草在温暖阳光与和煦春风中绽放艳丽，而没有感谢太阳的语言，树木在寒冬到来之前的深秋中逐渐凋落了叶子，同样没有埋怨太阳的意思，一切都是那么自然。"谁挥鞭策"两句，是以反问的形式称赞羲和御日，使宇宙自然形成了春夏秋冬四季往复无尽的循环，让世界万物的生长繁荣与衰落枯竭，按照本身的规律自然地有序运行。"羲和"四句以反诘与质问的句式，追问太阳为什么要沉没在浩渺无际的大海之中，造成了世界夜间的黑暗，威猛神勇的鲁阳有什么大德，他挥舞兵戈让你停下，你竟然不仅会停下来，而且还后退了九十里，令人不可思议。"逆道"两句，是对质问的回答，诗人的意思是说，日出日落是自然规律，太阳停下来而且还退后，这是违背自然规律的诬蔑不实之言，必须矫正。结尾两句表达自己要有太阳那样容纳自然宇宙的胸怀，顺应自然规律，与万物融为一体。

在"诗圣"杜甫《前苦寒行二首其二》诗中，曦和典故则成为一种烘托渲染寒冷天气的艺术表现手法：

> 去年白帝雪在山，今年白帝雪在地。
> 冻埋蛟龙南浦缩，寒刮肌肤北风利。
> 楚人四时皆麻衣，楚天万里无晶辉。
> 三足之乌足恐断，羲和送将安所归。

诗的前四句写北方气候一年比一年冷，"白帝"是远古时期东夷文化创建者少昊部落居住的地方，位于现在的山东半岛地区。如前所述，这里是中华民族太阳崇拜最早的发源地，东海之滨的日照天台山上，依然保存着大约九千年前的祭拜太阳的神坛。这里也是远古神话传说中太阳升起的地方，应当是气候温暖，但是由于气候变冷，去年下雪的时候，雪花落在地上就融化了，地面上看不到积雪，只有在山坡的石头上才能看到没融化的雪。今年不但地面上有了积雪，而且水面上也结了冰，蛟龙潜藏在深水中，陆地上南浦的水面也缩小了，呼呼的北风刺激着人的皮肤，如同刀割，十分寒冷。后面四句则化用曦和御日的神话故事，描述江南温暖的天气。楚国人们穿的都是适合于夏天的轻薄麻衣，楚天万里晴空，没有一片雪花的影子。负日运行的"三足神乌"为什么不到北方这寒冷的地方来呢？是不是神乌的脚被折断了，不能到北方来？那么曦和又把太阳送到什么地方去了呢？让北方变得这么寒冷。由于"曦和御日"神话的运用，让诗歌不仅呈现出神奇阔大的意境和丰富生动的意象，而且充满了深厚的人文底蕴和浓厚的趣味性。

李贺《相劝酒》开篇四句云："羲和骋六辔，昼夕不曾闲。弹乌崦嵫竹，抶马蟠桃鞭。"前两句描述曦和驾着有六条龙拉着的太阳神车，从早上到傍晚不停地飞驰在天空中；后两句采用夸张和比喻的手法，描绘一天中时间过得很快，曦和用仙界中蟠桃树枝做成的鞭子，赶着太阳神车，好像是用竹制弹弓把太阳神乌一下子弹落到了西方崦嵫山一样快。诗的寓意与意境优美神奇。

李商隐则将曦和御日的神话故事糅入了爱情诗。他在吸收古乐府《陌上桑》"日出东南隅,照我秦氏楼。秦氏有好女,自名为罗敷。罗敷善蚕桑,采桑城南隅"诗意的基础上,创作了感人至深的《东南》诗寄给妻子:

东南一望日中乌,欲逐羲和去得无。
且向秦楼棠树下,每朝先觅照罗敷。

诗人说自己在外,每当早上看到太阳出来,就想乘着羲和的车子与太阳一起赶回家中看望和陪伴妻子。但是,羲和已经起程,没了影踪,即所谓"去得无"了。诗人说,自己希望能像太阳那样,每天早上都能够看到秦楼家中美丽的妻子,并且希望把第一束阳光洒在妻子身上,送去温暖。诗人将妻子比为"好女罗敷"。这首七言绝句构思奇特,想象大胆,意境阔大,而细腻亲切,温情满满,夫妻情深,生动感人。

宋代诗词大量化用"羲和御日"神话,创作出多姿多彩的作品。曾巩《喜晴》诗云:

今晨霾喧一扫荡，羲和徐行驱六龙。

眼明意豁万事快，预喜来年麰麦丰。

作者以曦和御日典故，表达久雨之后，太阳出来带给人们的欢快心情，特别是太阳透露给人们明年庄稼丰收的喜讯。诗中充满快乐与希望，呈现着轻松昂扬的格调。

诗人强至《次韵邱秘校程苦热》诗："羲和驱日昼如燔，万里焦原草木乾。旱雨骤晴还作热，炎风寡势岂成寒"，描述了由于长期干旱，辽阔的平原大地上，野草树木都已经干枯，太阳照射在人们身体上，给人以火烤炙热的感觉，即便下了一点雨，也立即化作热气，风都是热风，没有了凉爽的气息。

苏辙《冬至日作》用"羲和飞辔留不住"写时间过得很快，而在"冬至"节气到来的这一天，是民间很重视的节日习俗，不仅"小儿逢节喜欲舞"，而且连"老翁"也"似小儿"，高兴地"烝豚酿酒多为具"，诗的格调欢快活泼，清新自然，充满浓厚的生活情趣。

张耒《局中负暄读书三首其一》抒发在太阳下读书

的感想、联想并称颂太阳的大仁至德:"辉辉短景不能春,照我贫屋亦复仁",又以"曦和御日"的神话故事作为比喻,感叹人生道路的艰难与人生时间的短暂,所谓"虞渊道远寒云屯,羲和愁思陨厥轮",说的就是曦和御日从日出东海扶桑,到日落西方"虞渊',遥远的路途中间有着诸多寒冷的云团阻挡,而曦和最为担心的就是途中车轮损坏,不能继续运行,以此比喻人的生命终止。

李纲《唐植甫左司许出示所藏红丝砚辄成短歌奉呈并简顾子美》诗,起笔就以描绘曦和御日、太阳初升时,东方空中彩霞满天的壮丽雄伟景象,来表现"藏红丝砚"台的神奇珍贵。"羲和整御升旸谷,赤云夹日如飞鹜。晶光下射东方山,石卵含丹孕岩腹"四句,全部化用"曦和御日"神话故事的情节,生动地表现出"藏红丝砚"的形状和神态,创造出令人神往的优美意境,气势磅礴而又高雅不俗。其下"谁令巧匠凿山骨,截此颊坚一肪玉。琢为巨砚形制奇,中有彤云烂盈目"四句,称赞工匠的精湛技艺;结尾四句:"端溪美璞色马肝,黟歙珍胚纹雾縠。岂知至宝出嵎夷,散绮浮花彩尤缛",不仅赞美

"藏红丝砚"台的材质优美和制作者因材出巧的匠心，而且以太阳升起的地方"嵎夷"，来照应诗歌开头太阳出发的地方"旸谷"，使得全诗都紧紧围绕"曦和御日"神话来展开对藏红丝砚台的描写刻画。尤其值得指出的是，位于山东地区的"嵎夷"，正是中华民族太阳崇拜的最早发源地，写作此诗时，已经被金兵占领，成为沦陷区，李纲正是借吟咏藏红丝砚台，委婉表达中原沦陷的愤恨和收复失地的决心，体现出满腔的爱国热忱。

曹勋《日出行》全诗歌颂曦和泽被世界万物和造福人类的巨大功德：

> 日出东海隅，照我草屋东。
> 屋东有荣木，光彩生瞳眬。
> 春草凝碧色，春水生芙蓉。
> 江山发深秀，和气翔春风。
> 六龙俨灵辔，万物咸昭融。
> 羲和羲和，无旷尔职，无替尔功。
> 使吾两目常明，两耳常聪。

> 则吾将荐汝于上帝,而复子以重黎之封。

诗从"日出东海隅"太阳初升写起,前十句集中描绘太阳下的"草屋""荣木""春草""春水""芙蓉""江山"等等,世界万物都沐浴在阳光中,所谓"六龙俨灵辔,万物咸昭融"。诗的后七句则集中赞美曦和不负职守,功德之大,无可替代。诗人表示,如果自己能保持耳聪目明,将会向上帝推荐曦和,让曦和继承和沿袭祖先"重黎"的地位。诗歌构思新奇,创造了阳光灿烂、万物繁荣的现实世界情景,同历史久远、幻想浪漫的神仙世界相结合的优美意境,令人向往和陶醉。

崔敦礼《喜晴》开头八句首先描述"入春十日九霪雨"的情景,阴雨连绵带来的春寒,不仅"丹杏夭桃冻不开",而且"来牛去马昏无色",打不起精神,诗人更是因担心农事"桑麻田"而"夜愁不眠"。其下八句极写"晓来鼓舞耕桑民,长天洗净清无云"的景象,以及天晴给人们带来的欢喜。"羲和鞭日从海底,照出浩荡郊原春",太阳出来了,辽阔的平原上,呈现着一片生机勃勃的新气象，人们也笑逐颜开，不再愁眉苦脸，"呼儿买酒聚笑语，门前且无吏呼怒"，天晴而丰收有望，可以自由开心地饮酒庆祝，满心欢喜地期盼"今年麦饭滑流匙，更趁新蚕理襦裤"。诗的结尾四句，则描写了作者趁着天晴乘船踏上西行的征程。"江头烟树晚戎戎，江南婴笋春事丰"正是春天雨后生机活力的展示，而诗人"我亦行抛簪绶去，饱帆西上趁东风"，也满怀欣喜地继续前行。诗中"羲和鞭日从海底，照出浩荡郊原春"，成为结构和关联全篇的核心，而"羲和御日"神话故事的运用不但渲染了喜庆的气氛，而且也增添了欢快的格调。

李吕《题东寮》曰：

羲和鞭日驭，发轫自旸谷。
道人耕寸田，开窗纳余燠。

这首为"东寮"即东厢房题写的五言绝句诗，不仅紧扣"东"字，借神话传说"羲和御日"故事，写太阳由东面升起，以突出房子的位置特点，而且写出了房中"道人"

练功"丹田"时，打开窗子，让太阳光照射到房间中的情形。彭郁《题万壑风烟亭百韵》长诗，篇中有"亦将海上问羲和，日升旸谷隅夷宅。月何与日时相望，日何与月时合璧"之句，追问太阳与月亮都是东升西落，但是二者为什么有时候是"相望"相隔的状态，而有时候又呈现出"合璧"的情形？体现了对天体三种运行情景的深刻思考。

陆游《暮春叹》在浓墨重彩地描绘了"春深桃李争时节，千团红云万堆雪。东风一夜吹欲空，曲径平池烂如缬"景象之后，又运化"曦和御日"神话故事，表达日月如梭、时不我待，收复中原的报国壮志尚未实现的遗憾与惆怅："城门猎猎双青旗，羲和促辔西南驰。中原未有澄清日，志士虚捐少壮时。"由此创造出深沉悲壮的意境，感人至深。

杨万里《羲娥谣》以其独特的轻松幽默与诙谐，抒写自己拂晓早起赶路过程中，看到和想到的天空情景：

羲和梦破欲启行，紫金毕逋啼一声。

声从天上落人世，千村万落鸡争鸣。

素娥西征未归去，簸弄银盘浣风露。

一丸玉弹东飞来，打落桂林雪毛兔。

谁将红锦幕半天，赤光绛气贯山川。

须臾却驾丹砂毂，推上寒空辗苍玉。

诗翁已行十里强，羲和早起道无双。

诗的首四句写拂晓黎明前的景象，"紫金毕逋"是太阳"金乌"三足神鸟的代称，金乌一啼，引起天下的公鸡都叫起来，说明天快亮了。"素娥"四句是写月亮还没有落下去，但是太阳一出，月亮就不见了踪影，即所谓"打落桂林雪毛兔"；"桂林"是指月亮中的桂花树，"雪毛兔"指月亮中的玉兔。"谁将红锦"四句，描绘太阳初升时红霞满天、照耀山川的壮丽景观；"丹砂毂"是用红色丹砂制成的车轮，代指羲和御日六龙所拉之车，"苍玉"指蔚蓝色的天空；这是太阳升起出现在空中的景象。诗的结尾是说太阳刚刚升起，而诗人已经走了十多里路了，羲和启行很早，但是我比羲和还要早，以至于路上只有我一个人。

刘宰《秋怀二首其一》描写深秋季节景色优美与天高气爽的景象，群山层林霜染半红、风传寺庙笙钟之声，而碧蓝的天空万里无云，太阳在高空中运行："翠幄迎霜半染红，高林风过杂笙钟。澄光万顷天无滓，留与羲和驾六龙。"诗的结尾意境宏阔，趣味无穷。

"羲和御日"神话在宋代以后的诗词中，不但变得更加细腻，而且往往气势恢宏，甚至成为结构全篇的线索。比如，明代王猷定长篇古诗《军山看日出》，描述在军山顶上观看日出前后的情景、感受与联想，让人如临其境，如闻其声，如见其景：

  天鸡叫罢海水黑，万里扶桑绝消息。

  长鲸鼓浪吼天门，北斗薇垣辨不得。

  有客通宵坐石林，寒风二月吹人心。

  以袖蒙头临绝壁，树外倒看天沉沉。

  须臾东际生微白，碎剪波光乱天碧。

  丹霞气蠹尚氤氲，已有金蛇兼电制。

可怜久雨废耕种，万户愁云方入梦。
头白书生愁更深，眼见阳回心转动。
那知圣人出深官，九霄步步光玲珑。
横空作势屡兴没，羲和揽辔何从容。
划然半壁红轮起，砍断蛟龙四海水。
三涌飞光上碧空，回看一寺桃花里。

诗的开头四句描述日出黎明之前，大海与天空都是漆黑一片，难以分辨，没有太阳将要出来的一点迹象和消息，只能听到大海中波涛汹涌的声音，天空中的北斗星与紫薇垣也分辨不出来。"有客"四句写在军山上等待看日出的人们，不怕寒冷与艰辛，"以袖蒙头"，登临绝壁，察看太阳是否快要出来的情景。"须臾"四句描绘太阳初升前的拂晓时刻，东方天边开始透出鱼白色，海面上也开始有了水波粼粼的亮光，逐渐有朝霞出现在东方天际，倒影在动荡海水中的朝霞，好像是游动着的无数金蛇或闪电，呈现着神奇的瑰丽景象。"可怜久雨"四句是以对比手法写诗人当时的兴奋，因为此前已经阴雨连绵，影响了庄稼的适时耕种，而目前已经看到了天晴的时光和太阳将要升起的征候信息。"那知"四句描述太阳迟迟没有出现的缓慢感觉，写盼望看到太阳升起的急切心情，甚至埋怨曦和过于从容，让太阳出现得这么慢。结尾"划然"四句，描述太阳突然出现在海平面上，又很快升腾到碧蓝天空中的情景，当诗人看完日出后，回到了住处时，太阳光已经是笼罩了寺庙里盛开的桃花。全诗糅合了"曦和御日"的神话传说而又注重写实，以时为序，创造了真实优美、阔大深邃的意境，令人陶醉，且回味无穷。

与上面明代王猷定《军山看日出》重点描述日出景象绝然不同，清代顾我锜《海山亭观落日歌》则选择了运用"曦和御日"的神话传说，来重点描绘日落时的情景，既恢宏细腻，又生动有趣，意味无穷：

羲和鞭日声隆隆，朱轮丹毂双碾空。
涂穷狞入大瀛海，回光倒烛深潭龙。
海水忽涌沸，银涛如屋相撞舂。

欲吞不吞吐不吐，但见万里熔红铜。

阳侯惊诧海若笑，幻出万象真无穷。

夭矫一金蛇，独卧洪波中。

连蜷袅宛千万丈，小蛇蜿蜿来相从。

熠然变火光，倾泻玻璃宫。

浮光照曜际穷发，余光溢出难为容。

飘飘海山亭，结构当海冲。

我来露顶坐其上，放眼顿觉开心胸。

霞收景灭忽不见，皎皎玉境升天东。

诗的开头四句为第一部分，写傍晚时分太阳将落的情景。起笔就是以"曦和御日"神话传说作为发端，并直接切入日落的景色描写中。前两句写太阳白天的运行，后两句写傍晚日落时的情景，尤其是突出了晚霞余辉倒影深水之中的景象。其下"海水"十四句为第二部分，是全诗的主体和重心，描绘日落时的海面景象。诗人细致描绘太阳回光返照在大海波涛汹涌的水面上，形成"欲吞不吞吐不吐，但见万里熔红铜"的魔幻场景，意境宏大壮观、变化多端、神奇灿烂。以至于波涛之神"阳侯"惊奇诧异，大海之神"海若"开怀大笑，水面波光荡漾，使霞光倒影变化无常，瞬间幻化出无穷无尽的动态画面。从远处看去，太阳余辉和晚霞倒影在动荡的海水中，就像一条自由伸展屈曲而气势恢宏的金色巨龙，或卧或游于洪波之中。这条巨大的金龙，"连蜷裊宛千万丈"，而其周围又是无尽的"小蛇蜿蜿来相从"。闪烁之间，巨龙与小蛇又全都变成了一片火光，倾泻进玻璃宫似的大海当中。无边无际的水面上浮动着的傍晚太阳的光亮，波涛间流溢着的余光，幻化出无限丰富的景象，难以用语言来描述和形容。其下"飘飘"六句为第三部分，写观看日落的地点。作者不仅交待了观看和欣赏落日的地点位置"海山亭"与"放眼顿觉开心胸"的快感，而且还描写了日落"霞收景灭"之后，一轮月亮"皎皎玉境"从东方升起的夜晚景象，从而结束了全诗。前人评论此诗"正写落照，旁写余光，真能状难状之象"，正指出了作品艺术表现的独特创造。

伍 嫦娥奔月：中华初民的情感世界与月神塑造

日月崇拜是人类共有的普遍文化现象，也是中华文化的重要内容。中国传统文化中的太阳之神，充满孕育万物的强烈生命意识，而月亮之神包含着更多的审美观念与细腻情感，体现着远古先民对宇宙自然清幽静谧之大美与对女性倩丽淑姿之柔美的热爱、敬仰与崇拜。

"嫦娥奔月"是中华民族流传数千年、家喻户晓的神话故事，而当代中国以"嫦娥工程"命名的探月工程取得巨大成功，再次激活其蕴含的深厚文化张力与艺术生命魅力，给全世界人民留下深刻印象。嫦娥不仅是中华民族塑造出来的月亮之神与月亮之魂，而且也是体现中华文化观念与思想智慧的重要载体。

"嫦娥奔月"的神话,不仅反映着远古先民对天文景象、天体运行的细致观察和丰富想象,而且赋予了月亮丰厚深刻的人文内涵,引发了无数瑰丽而深沉的思考与歌唱,创造出无数惊心动魄的人生故事与生命感慨。南朝著名文学家江淹在他的《造化篇》中提出了"姮娥奔月,谁所传兮"的问题,已经在思考和追问故事的渊源和流传。

一 文献与诠释

月亮与太阳一样,是人类标记时日的重要天体标志。月亮也是地球唯一的天然卫星,离地球最近,人们几乎天天看得到,与人类的生活关系极为密切,由此成为远古先民观察宇宙自然现象的主要目标。除了太阳之外,月亮在天空中给人的直观形象不仅最大、最亮,而且变化周期最明显,与人们的日常生活关联度也最高、最密切。在中华文化中，特别是在道家思想体系中，月亮与太阳分别代表着阴、阳两极，显示着对人类生命与心理情绪的不同影响，正如《易·系辞上》所说"阴阳之义配日月"。

尽管月亮对地球的物理影响乃至对人类的生理影响巨大，但月亮不能像太阳为人类或世界万物直接提供热量和能量，给人的直接感觉与印象，一直是那么低调、冷色、静谧，却又那么高雅、洁净、优美，充满无穷艺术魅力，引起人们无限丰富的联想和广阔深邃的思考。由此，不仅形成了不分国界与族群的普遍性"月崇拜"，而且由于月亮的阴晴圆缺，与人间的悲欢离合容易联系在一起，故而寄托了人们浓郁的亲情、乡情、恋情与友情，吟咏出无数感人肺腑的诗篇，也创造了无数内涵丰富的故事。"嫦娥奔月"即是其中的一例。

远古先民们结合社会生活体验与思想观念意识，在口耳相传的过程中，集体参与了故事的创造和艺术的加工，经过数千百年的流传，创造出了包含复杂微妙情感的"嫦娥奔月"故事，直到发明汉字之后，被记载到了文献典籍之中。

目前见到的最早文字记载，是1993年3月在湖北江陵王家台15号秦墓出土竹简《归藏·归妹》残篇："昔者恒我窃毋死之……奔月而支占……"，只有13个字，仅提及此事，故事不完整。西汉刘安《淮南子·览冥训》中的一段话，则比较清晰且情节大体完整：

> 譬若，羿请不死之药于西王母，姮娥窃以奔月，怅然有丧，无以续之。何则？不知不死之药所由生也。是故乞火不若取燧，寄汲不若凿井。

此段文字内容有以下三点值得特别注意：

第一，这段文字并不是专门描述嫦娥奔向月亮的情景细节，只是为了说明"乞火不若取燧，寄汲不若凿井"这个观点而举出的例子。意思是说，向别人借火种用，不如自己掌握着燧石打火的工具和方法，需要火的时候就自己动手，随时可以得到，不受局限和约束；从别的地方取水贮存起来备用，不如自己打一口井，有了水源的保障，可以随用随取，没有限制。嫦娥吃的"不死之药"是"羿"从西王母那里要来的，姮娥不知道药的制作方法，只能服用一次，而"无以续之"，受到限制，所以导致无法返回地球家中。

第二，姮娥是这段文字里的主要角色、中心人物，"嫦娥奔月"如同电影的特写镜头，展现了这位"仙女"飞向月亮的生动画面，成为故事内容的核心主题，并且在这一大胆的想象中，描绘了远古现实不可能存在的神奇景象，突显"神话"特质。至于"羿"与西王母，乃至"不死之药"，都是"奔月"前的条件铺垫与背景衬托，不仅提高了神话元素的含金量，而且让故事也尽可能地合情合理。

第三，"怅然有丧，无以续之"，描述的是嫦娥到达月亮以后的心理情绪与无奈处境，包括她脱离人间并失去了家庭的惆怅，也没有了"不死之药"可以让她返回人间，等等。"不知不死之药所由生"即不知道药的渊源和做法，自己没有办法制造出来。

另外，首句的"譬若"即"譬如"或"例如"，是举例子的引导词,说明下面的内容是举出的具体事例。"姮娥"即"嫦娥"。古代"姮"与"恒"通用,"恒"在甲骨文中写作"亙",其本义是说月亮由上弦形逐渐向丰盈圆满变化的情景。后世称"姮娥"为"嫦娥",是为了规避与皇帝名号中有"恒"字而发音相同的忌讳,约定俗成,沿袭至今。

"嫦娥奔月"被《淮南子》用作论证观点的典型案例,说明这个故事早已为人们所熟知,而且广为流传。其中虽然包含一些道教文化的元素,如"不死之药",但更多地呈现出明显的"月神"崇拜痕迹,将人类社会的现实生活元素糅入了神话中,不仅赋予月亮以鲜活的生命形象,让沉寂的月亮有了人气、人味和人情,而且通过嫦娥将地球、月亮联为一体,"天人合一"的文化理念得到具体呈现。

大约在《淮南子》流传250年之后,张衡在他创作的《灵宪》一文中,对这个传说有着更为细致的描写:

> 日者,阳精之宗。积而成鸟,象乌而有三趾。阳

之类，其数奇。月者，阴精之宗。积而成兽，象兔蛤焉。阴之类，其数偶。其后有冯焉者。羿请不死之药于西王母，姮娥窃之以奔月。将往，枚筮之于有黄，有黄占之曰："吉。翩翩归妹，独将西行。逢天晦芒，毋惊毋恐，后且大昌。"姮娥遂托身于月，是为蟾蜍。

显然，这里的情节更丰富，或有所本，但同《淮南子》所记已经有了很大差别，其占卜情节往往让人猜测嫦娥奔月是否早有谋划，"蟾蜍"之说也与上面"积而成兽"相矛盾。

嫦娥为月亮之神，是人们崇拜月亮意识观念的形象化，现有的文献记载为我们呈现了这个"月神"的"人化"过程。托名《淮南子·外八篇》的一段文字，十分完整地反映了嫦娥被"人化"的情形：

昔者，羿狩猎山中，遇姮娥于月桂树下。遂以月桂为证，成天作之合。

五　嫦娥奔月：中华初民的情感世界与月神塑造

逮至尧之时，十日并出。焦禾稼，杀草木，而民无所食。猰貐、凿齿、九婴、大风、封豨、修蛇皆为民害。尧乃使羿诛凿齿于畴华之野，杀九婴于凶水之上，缴大风于青邱之泽，上射十日而下杀猰貐，断修蛇于洞庭，擒封豨于桑林。万民皆喜，置尧以为天子。

羿请不死之药于西王母，托与姮娥。逢蒙往而窃之，窃之不成，欲加害姮娥。娥无以为计，吞不死药以升天。然不忍离羿而去，滞留月宫。广寒寂寥，怅然有丧，无以继之，遂催吴刚伐桂，玉兔捣药，欲配飞升之药，重回人间焉。

羿闻娥奔月而去，痛不欲生。月母感念其诚，允娥于月圆之日与羿会于月桂之下。民间有闻其窃窃私语者众焉。

由于目前传世的《淮南子》只有二十一篇，所谓"外篇"早已失传，上面这段文字明显有后人加工整理的痕迹，故事情节相对完整，内在逻辑也比较严密。第一段写嫦娥身份。意在以羿与姮娥的相遇成婚，定位嫦娥"人"的属性。第二段写嫦娥丈夫。此段文字出自《淮南子》卷八《本经训》，旨在赞颂尧的善于用人，而重点介绍了嫦娥的丈夫羿"上射十日"、下诛恶兽、除害安民的神力与功劳，这是关于"后羿射日"神话的最早文献记载。第三段写嫦娥奔月。值得注意的是，这里不仅强调了"逢蒙窃药"、嫦娥情急之下吞而升天、"滞留月宫"的情节，而且增添了"吴刚伐桂""玉兔捣药"的故事，既圆通了嫦娥"奔月"的无奈与逻辑，又表达了嫦娥"重回人间"的愿望与期盼，融人情事理于其中，充分体现了对嫦娥的理解、同情。第四段写嫦娥结局。羿的"痛不欲生"与"月圆相会"，在强化人情味的同时，也淡化了"神"的色彩。

二 蟾兔意象

"嫦娥奔月"以丰富的想象力创造了一个优美神奇的

故事，将远古现实中不可能发生的事情以神话的形式呈现出来，不仅强化了故事的神奇性和传奇性，而且增添了人世间的民俗化与人情味。神话以嫦娥为媒介，将人类的现实生活与心理情绪同月亮连接在了一起，从而通过对嫦娥命运与处境的关心、同情和理解，表达对月亮的关注、崇拜与热爱，并继续不断地丰富着月亮的故事与人文内涵。玉兔、金蟾、桂树等等，都成为"嫦娥奔月"故事的衍生内容。

西汉初年的长沙马王堆《辛追墓T形帛画》左上角月宫，月为月牙状，月上有玉兔与蟾蜍，月下有一飞翔状态的女子，即奔月的嫦娥。帛画将嫦娥、玉兔和蟾蜍共同呈现在一起，形成思想内容紧密相联的"意象群"。

月亮中的玉兔意象，以洁白、纯净、善良、聪明、温柔、机敏、乖巧等等特性而著称，往往被人们视为嫦娥的化身。玉兔在月亮中不停地用药杵药臼捣药，或许是在暗示嫦娥制作长生不死药，想办法弥补自己因服药而来到月宫的后悔与不能返回人间的遗憾，"玉兔捣药"甚至成为"嫦娥奔月"神话的固定内容广为流传。而玉兔的另一重要文化内涵是女性的象征，或者是女性祈福的吉祥物。玉兔是中华文化特别是中国古代神话中的重要意象，上面《辛追墓T形帛画》玉兔和蟾蜍都在月亮中占有突出的位置，成为月亮的重要标志。屈原《天问》有"厥利维何，而顾菟在腹"之句，"菟"在古代与"兔"通用，"顾菟"就是"左顾右盼的兔子"，屈原用"顾"字十分传神地表现出兔子机灵、机警、机敏状态和生命活力。兔子不仅给人以柔顺优美的感觉，而且具有很强的繁衍力，穴居于田野大地，既全年产仔又多胎多产，孕期短、成熟早，个体的自然寿命相对较长，而物种群体的生命持久力极强。"捣药"的行为也暗示着勤劳的美德。

被称为"金蟾""玉蟾"的"蟾蜍"，民间叫做"蛤蟆""虾蟆"。这是一种其貌不扬，体态外形甚至有些丑陋的两栖小动物，俗有"癞蛤蟆""癞猴子"等不雅之称。但由于蟾蜍具备强大的繁衍生殖能力，成为中国远古时代人们生殖崇拜的重要偶像。近代考古发现的大量旧石器晚期与新石器早期的器物上，都有线条、图案等多种形态的蟾蜍身影，反映着人类对族群兴旺的渴望与期盼。人们将形象体态并不优美的"蟾蜍"同嫦娥联系起来，乃至作为姮娥的化身，成为月亮的魂魄，强大的生殖繁衍能力是不容忽视的重要原因，这是蟾蜍的首要特点。其次，蟾蜍具有重要药用价值。蟾蜍全身都是宝，蟾酥、干蟾、蟾衣、蟾头、蟾舌、蟾肝、蟾胆等均为名贵药材，中国古代医药文献典籍中多有记载，迄今甚至形成了人工培养的规模生产，成为不可或缺的中药材来源。第三，蟾蜍是长寿的象征。东晋葛洪《抱朴子》说，蛤蟆能活三千年，甚至一万年，这与人的寿命相比，的确有"长生不死"的意思。不论是药材还是长生，都与"嫦娥奔月"的本事内容密切相关。《归藏》说"蟾蜍"是嫦娥奔月后的化身，所谓"姮娥遂托身于月，是为蟾蜍"，人文内蕴丰富。当然，这只是神话故事，同玉兔一样，蟾蜍也是人们对月亮阴影的形象想象。以上三大特点，使得蟾蜍获得了仙蟾、玉蟾乃至金蟾、宝蟾的美誉，与已经成为后羿之妻的嫦娥联系在一起，以祈愿"多子"就是顺理成章的事了。

与"嫦娥奔月"神话传说紧密相联的文化意象,除玉兔、蟾蜍之外,还有与"蟾蜍"并称"蟾桂"的桂花树。唐代段成式《酉阳杂俎·天咫》称"月中蟾桂,地影也",认为月亮中蟾蜍和桂树的形象,都是月亮表面陆地的影子。唐代著名诗人李贺《巫山高》诗句"古祠近月蟾桂寒"就是用"蟾桂"代指月亮,极言古寺坐落在很高的山顶上;而杜光庭《墉城集仙录序》称"女子得道升仙之事""驻隙马风灯之景,享庄椿蟾桂之龄",更是将"蟾蜍""桂树"与"以八千岁为春,八千岁为秋"的上古椿树并列,极言其寿命之长久,说明桂树入月首先是因为其"长生不死",这与"嫦娥奔月"故事有着直接关联。此其一。其二是桂树与中药直接有关。桂树的药用价值自古以来就得到高度评价。许慎《说文解字》解释桂树为"百药之长",李时珍《本草纲目》引用《本经》说法,认为桂树"治百病,养精神,和颜色,为诸药先聘通使,久服轻身不老,面生光华,媚好常如童子。"其三,桂树也有强大的繁殖能力,不仅花繁子多,而且还可压条移植。皮日休《天竺寺八月十五日夜桂子》

诗云：

> 玉颗珊珊下月轮，殿前拾得露华新。
> 至今不会天中事，应是嫦娥掷与人。

此诗描述仲秋月圆之夜，桂花飘香、月光如洗的美好景色，赞扬嫦娥让人们享受如此美景。宋代婉约派代表词人李清照《鹧鸪天》词曰：

> 暗淡轻黄体性柔，情疏迹远只香留。
> 何须浅碧轻红色，自是花中第一流。
>
> 梅定妒，菊应羞，画阑开处冠中秋。
> 骚人可煞无情思，何事当年不见收。

以精美细腻的语言描述桂花的颜色、性状、香味、气质和品位等等突出特点，而十分遗憾当年屈原《离骚》写入了那么多高雅花卉却唯独遗漏了桂花。

总之，月亮中的玉兔、蟾蜍、桂树这三种意象，具有丰富的思想内容与深刻的人文内涵。三种意象蕴含着共同的突出特点：一是繁殖能力强，这是宇宙雌性生物的重要表征，也是人类远古时期生殖崇拜的重要内容，反映了人类繁衍兴盛的殷切期盼；二是生命持续时间长，尽管兔子的个体生命并不突出，但繁殖速度与数量惊人，体现了物种生命的强大与持久；三是都与药有着密切关系，玉兔以"捣药""制药"者身份呈现，而蟾蜍、桂树本身就是珍贵的药材。三种意象的三个共同特点都与嫦娥服用长生药而奔升月中有着内在的紧密关联，通过嫦娥形象创构了月亮崇拜的意象群。

三 诗词呈现

"嫦娥奔月"神话，是一个历史悠久、群体参与、广泛流传的创作过程，从口耳相传的始源形态，到进入文人的创作视野，经过了漫长的历史时期。屈原《楚辞·

天问》之"夜光何德,死则又育?厥利维何,而顾兔在腹",是由月亮东升西落和圆缺消长变化,以及机灵敏捷的兔子出现在月亮中心,深入思考自然宇宙特别是月亮现象的规律与奥妙,蕴含着深厚的哲思与鲜活的情趣。晋代傅玄《拟天问》有"月中何有?白兔捣药"的诗句,说明那个时代"白兔捣药"早已成为月亮最突出最鲜明的标志,不仅增强了"白兔"形象的活力,而且把"白兔"与"药"结合在一起,由此同嫦娥吃的"长生不死"之"药"联系起来,丰富了神话故事的内容和情节。

唐代是中国文化繁荣、各种艺术创作兴盛的时代,"嫦娥奔月"神话成为诗人创作的重要题材,得到立体展现和全面丰富,嫦娥不仅成为月亮的主要意象,而且成为月亮的代称。

乔知之《甘州歌》"月里嫦娥不画眉,只将云雾作罗衣。不知梦逐青鸾去,犹把花枝盖面归。"嫦娥在这里已经成为诗中唯一的核心角色。前两句极言嫦娥之美。作者首先借用月亮洁白如玉的特点,以"不画眉"突出嫦娥的天然"素颜"仙姿,然后又以"云雾作罗衣",将月亮中的自然景色与嫦娥的着衣裳为一体，描绘其缥缈绰约的仙姿神态。后两句极言嫦娥柔情。"梦逐青鸾"是写爱情恋情的执着。"青鸾"是西王母的神鸟，常常被借用或引申为传递爱情的信使；"梦逐"在表现执着中也透露着寂寞。结句中的"花枝盖面"不仅生动描绘了月亮呈现给人们眼中的模糊形象，而且暗含女性天赋的羞涩，更增添了几分诱人的艺术魅力。

唐代最为杰出的两位伟大诗人——"诗仙"李白与"诗圣"杜甫都写出了脍炙人口的经典名篇。在李白《把酒问月》诗中，"白兔"与"嫦娥"形象同时出现在诗中：

青天有月来几时，我今停杯一问之。
人攀明月不可得，月行却与人相随。
皎如飞镜临丹阙，绿烟灭尽清辉发。
但见宵从海上来，宁知晓向云间没。
白兔捣药秋复春，嫦娥孤栖与谁邻。
今人不见古时月，今月曾经照古人。

古人今人若流水，共看明月皆如此。

唯愿当歌对酒时，月光长照金樽里。

起笔四句以考问宇宙的雄伟气势，既提出月亮历史悠久的深沉思考，又说出了"人"与"月"的现实关系，古代的人到月亮上去是不可能的，但是月亮的运行却始终伴随着所有的人，因为人只要出现在月亮之下，就会有月亮投下的影子，造成人月合一、不可分离的影像。"皎如飞镜"四句描绘月亮宇宙运行、照临人间的情景。"白兔捣药""嫦娥孤栖"不仅直接将嫦娥神话融入诗中，成为最富人文精神的精彩内容，而且以"秋复春""与谁邻"表达了深切的理解与同情。"今人"四句通过月亮与人生的对比，从时间维度说明了时间的无限与人生的短暂，最后以珍惜时光、珍惜生活收尾，并以"金樽"回应开头"停杯"。全篇构思精巧，意境高远，哲思深厚。李白的《感遇四首》其三，则表达了对嫦娥奔月的深深惋惜：

> 昔余闻姮娥，窃药驻云发。
>
> 不自娇玉颜，方希炼金骨。
>
> 飞去身莫返，含笑坐明月。
>
> 紫宫夸蛾眉，随手会凋歇。

意思是，听说嫦娥偷吃了长生不死药而飞升月宫，不珍惜人世间自己的芳姿"玉颜"，却甘愿锻炼成"金骨"神仙，在玉皇大帝居住的天庭"紫宫"中炫耀美丽，耽误了自己美好的青春时光。诗歌采用叙述议论结合一体的方式，创造了一种同情与惋惜融为一体的深沉意境。

"诗圣"杜甫两首《月》诗，将"嫦娥奔月"神话中"金蟾""玉兔""嫦娥"的意象同时表现于作品中：

> 天上秋期近，人间月影清。
>
> 入河蟾不没，捣药兔长生。
>
> 只益丹心苦，能添白发明。
>
> 干戈知满地，休照国西营。
>
> 四更山吐月，残夜水明楼。

五 嫦娥奔月：中华初民的情感世界与月神塑造

尘匣元开镜，风帘自上钩。

兔应疑鹤发，蟾亦恋貂裘。

斟酌嫦娥寡，天寒奈九秋。

前一首通过描述秋天月亮的优美与月光的可爱，表达忧国忧民的爱国情怀。秋天的月亮倒影在河水里，月中玉蟾依然可见，不会为水淹没，玉兔"捣药"制作"长生不死"药，自己也得以"长生"，永远留在了月亮上。然而，这种"天地一体"的优美景色并没有引发诗人的兴奋，却让他平添了许多苦闷与忧愁——因为在中国古代，秋季是用兵打仗的最佳季节，当时的"安史之乱"已经让盛唐几乎走到灭亡的边缘，"国西营"暗示着唐朝军队的惨败景象。后一首以奔月神话中的玉兔、金蟾、嫦娥为主要内容，通过描绘"残夜"黎明弦月时现空中与楼影倒映水面的景象，引发联想，抒发情怀。月光洒落大地，似是打开了一面镜子，不仅可以看到物体的轮廓，而且也像是给房屋的门窗挂上了一道风帘。月光也照在诗人头上、身上，作者由此推想，月中的玉兔应当会怀疑我的头发像仙鹤羽毛一样白，而月亮中的金蟾，可能十分贪恋保暖性能很强的"貂裘"，因为月光始终照在自己的衣服上，一刻也不离开。诗人进一步联想到嫦娥一人寡居月宫中，寂寞寒冷，怎么样熬过深秋！表现了作者深刻的人文关怀。全诗充满景趣、情趣和谐趣，被苏轼称为"绝唱"，尤以"山吐月"描绘月亮从群山后面慢慢出现的情景，受到苏轼激赏并仿效此诗创作了五首咏月诗。

"文起八代之衰，道济天下之溺"（苏轼《潮州韩文公庙碑》）的韩愈，也创作了一首描绘"月蚀"天文现象的作品《月蚀诗效玉川子作》。卢仝号"玉川子"，曾创作长篇《月蚀诗》（共1677字），不仅完整地描述了发生月全食的现象和过程，而且借"虾蟆食月"神话讽刺宦官弄权，寓意深刻。韩愈仿效卢仝，创作了六百多字的长篇"月蚀诗"。诗中描述月蚀的全过程，尤其融合了"嫦娥奔月"相关的故事内容，将"虾蟆""玉兔""桂树""姮娥"诸意象组织到诗中，意境形象更加丰富生动，如描述月蚀过后，"依前使兔操杵臼，玉阶桂树闲婆娑""姮娥还宫室"等等。

李贺七律《梦天》起笔于"老兔寒蟾",以丰富神奇的想象和夸张浪漫的手法,描绘自己梦游天庭仙境的所闻所见与所感:

老兔寒蟾泣天色,云楼半开壁斜白。
玉轮轧露湿团光,鸾佩相逢桂香陌。
黄尘清水三山下,更变千年如走马。
遥望齐州九点烟,一泓海水杯中泻。

月宫中的玉兔已老,金蟾苦寒,蟾、兔好像都在为天色的幽冷而悲泣。天庭中的楼阁门窗全都半开,显露出雪白的墙壁。月亮好像碾轧过露水一样,月光都变得湿漉漉的,那些身佩玉鸾的仙女们来往于桂花飘香的宁静仙路上。从天上俯视人间,黄色的滚滚尘土、澄清开阔的水面与东海中的蓬莱、方丈、瀛洲三座神山,犹如奔驰的群马,变幻无穷。中原九州宛然九点浮动的烟尘,一片偌大的海洋就像倾泻的一杯水。全诗想象丰富,构思奇妙，意境开阔。

李群玉《感兴四首·其二》云：

> 昔窃不死药，奔空有嫦娥。
> 盈盈天上艳，孤洁栖金波。

此诗专门吟咏"嫦娥奔月"故事，嫦娥虽然成为仙女，而孤独寂寞地栖息于月宫之中，不无惋惜与遗憾。

袁郊《月》诗言：

> 嫦娥窃药出人间，藏在蟾宫不放还。
> 后羿遍寻无觅处，谁知天上却容奸。

诗中透露出对嫦娥品德的訾议与批评。与此诗风格绝然不同的是李商隐七绝《月夕》云：

> 草下阴虫叶上霜，朱栏迢递压湖光。
> 兔寒蟾冷桂花白，此夜姮娥应断肠。

诗里则透露着作者对玉兔、金蟾、桂花和嫦娥的关切与关爱之情。李商隐的另一首七绝《嫦娥》曰：

> 云母屏风烛影深，长河渐落晓星沉。
> 嫦娥应悔偷灵药，碧海青天夜夜心。

诗人由自己的长夜难眠，推想嫦娥的孤独与后悔，充满体恤、理解与同情，构思精巧，情感细腻，意境深沉。

罗隐《咏月》与《秋夕对月》都围绕"嫦娥奔月"的神话故事，着力描绘金蟾、玉兔、桂树和嫦娥的形象，抒发诗人的感慨、同情与惋惜：

> 湖上风高动白蘋，暂延清景此逡巡。
> 隔年违别成何事，半夜相看似故人。
> 蟾向静中矜爪距，兔隈明处弄精神。
> 嫦娥老大应惆怅，倚泣苍苍桂一轮。
>
> ——《咏月》

夜月色可掬，倚楼聊解颜。

未能分寇盗，徒欲满关山。

背冷金蟾滑，毛寒玉兔顽。

姮娥谩偷药，长寡老中闲。

——《秋夕对月》

《咏月》起笔于湖面风大浪高，以此为背景，运用幽默诙谐的语言，表达自己"似故人"的感觉；描绘月中玉蟾与玉兔的形象，刻画其不同的特点与心态，蟾蜍以"矜爪距"突出其"静"，兔子以"弄精神"突出其"动"；结尾则以"嫦娥老大"推测其心情的"惆怅"，推想其依靠着桂花树悲伤哭泣的情景。《秋夕对月》从欣赏夜月的角度，前四句表述夜月颜色"可掬"的可爱与"倚楼"欣赏的"解颜"愉悦，同时指出月光不区分人群和对象而普照大地的特点；后四句由推想月亮寒冷的环境，金蟾会感觉到"背冷"所以分泌出"湿滑"的粘液保护自

五 嫦娥奔月：中华初民的情感世界与月神塑造

己,玉兔也会感觉到"毛寒"而表现出"顽皮"好动以保暖。诗以嫦娥"偷药"与长年"寡居"月宫收尾,表示遗憾惋惜之情,意味悠长。

熊皎《月中桂》、毛文锡《月宫春》都是专门吟咏月中桂树的佳作,十分难得。熊皎《月中桂》采用反问句式起笔追问桂树"种者谁",又以"银蟾"衬托,最后收笔于"姮娥",成为"嫦娥奔月"神话诗歌中不可多见的珍品:

> 断破重轮种者谁,银蟾何事便相随?
> 莫言望夜无攀处,却是吟人有得时。
> 孤影不凋清露滴,异香常在好风吹。
> 几回目断云霄外,未必姮娥惜一枝。

诗中"莫言"四句突出了桂树虽然高不可攀,却给诗人创造了吟咏的话头,其"孤影不凋""异香常在"的品格,令人敬仰。

毛文锡《月宫春》云:

水晶宫里桂花开,神仙探几回。

红芳金蕊绣重台,低倾玛瑙杯。

玉兔银蟾争守护,姮娥姹女戏相偎。

遥听钧天九奏,玉皇亲看来。

此篇专门描述"桂花"的优美高贵品质,开头两句写月中桂花开放的环境"水晶宫"与"神仙"观赏的资质;三四两句"红芳金蕊绣重台,低倾玛瑙杯"运用形容比喻等手法,正面描绘桂花形象,生动传神;而以"玉兔银蟾争守护,姮娥姹女戏相偎"烘托渲染,最后收笔于"玉皇亲看",全篇意境高雅优美。

宋代是中国传统文化空前繁荣而理性思维日趋细密严谨的时代,也是"疑古惑经"思潮相继迭起与思想文化创新深入发展的时代,更是教育相对普及与人才辈出的时代。由是,"嫦娥奔月"的神话故事与金蟾玉兔以及月桂意象,不仅继续成为文学创作习见的内容,而且呈现出内涵拓展与艺术创新的鲜明特征。

一代文坛宗师欧阳修创作的《白兔》诗，就是从"白兔捣药姮娥宫"的神话故事细节入手，紧紧围绕"白兔"，通过丰富的想象和奇幻的联想，构造了内在逻辑细密而空间宏大的意境，不仅充满神奇、高雅的意趣、情趣与谐趣，而且隐喻人生哲理，给人以丰富的社会联想与思想启迪：

> 天冥冥，云濛濛，白兔捣药姮娥宫。
> 玉关金锁夜不闭，窜入滁山千万重。
> 滁泉清甘泻大壑，滁草软翠摇轻风。
> 渴饮泉，困栖草，滁人遇之丰山道。
> 网罗百计偶得之，千里持为翰林宝。
> 翰林酬酢委金璧，珠箔花笼玉为食。
> 朝随孔翠伴，暮缀鸾皇翼。
> 主人邀客醉笼下，京洛风埃不沾席。
> 群诗名貌极豪纵，尔兔有意果谁识？
> 天资洁白已为累，物性拘囚尽无益。
> 上林荣落几时休，回首峰峦断消息。

开头四句写"白兔"来自月宫。"天冥冥,云濛濛"渲染天上仙境的神秘,"玉关金锁"是出入天庭的门户,"窜入滁山"是说月宫"玉兔"来到人间。"滁泉"四句描绘"白兔"在滁州的优美生存环境。"网罗"以下六句写"白兔"为人捕获并献给朝廷后的受宠情景。"翰林宝"言其受欢迎、被珍爱,"委金璧"是说朝廷用贵重的黄金和价值连城的玉璧收购了兔子;"玉为食""孔翠伴""鸾皇翼",极尽铺叙渲染"白兔"在宫廷中优裕受宠的待遇。"主人"四句采用反衬的手法,表现"白兔"的不俗不凡,"客醉笼下""埃不沾席""群诗豪纵",却没有人理解和懂得白兔需要自然与自由的心态。结尾四句以白兔"天资洁白"而被"拘囚",失去了自由,很容易让人想到《楚辞·渔父》名句"举世皆浊我独清,众人皆醉我独醒"的内蕴,而"回首峰峦"正是含蓄表达白兔希望自由生活的地方。全诗运用隐喻手法和具体生动的形象,创造了阔大而又深邃的意境,表达了诗人对荣辱际遇的深沉思考,抒发了内心的不平之气,蕴含着"人"

"兔"之间的深刻哲思,给人丰富的思想启迪,体现了宋代以诗言理的重要特征。

王安石创作的《信都公家白兔》诗,与欧阳修《白兔》篇风格十分相似,所不同的是,王安石不再拘于"嫦娥奔月"故事本事,而增添了艺术表现手法的含义,"姮娥""老兔""桂树""桂花"这些在"嫦娥奔月"神话故事中的概念,被赋予了新的内涵与意义:

水精为宫玉为田,姮娥缟衣洗朱铅。
宫中老兔非日浴,天使洁白宜婵娟。
扬须弭足桂树间,桂花如霜乱后前。
赤鸦相望窥不得,空疑两瞳射日丹。
东西跳梁自长久,天毕横施亦何有。
凭光下视罝罔繁,衣褐纷纷谩回首。
去年惊堕滁山云,出入虚莽犹无群。
奇毛难藏果亦得,千里今以穷归君。
空衢险幽不可返,食君庭除嗟亦窘。
令予得为此兔谋,丰草长林且游衍。

这首诗吟咏的核心对象是"白兔",故开头四句极言"白兔""洁白"。"水精""玉""缟(白绢)"都是以白著称,何况是"姮娥缟衣"又洗去了"朱铅",就更是纯白,而仙境"宫中老兔"绝非人间凡物,这是将"信都公家"的人间"凡兔"视为月亮宫中的"仙兔"。其下"扬须"四句描绘白兔于桂树花下"扬须弭足"的动态站立形象与"两瞳射日"的机灵精神状态。"东西"四句描述白兔"东西跳梁"天生好动与"天毕(星名)横施"在星空中无所拘束的特性,而于天上"下视"人间,罝罛遍地,到处都布满了危险的陷阱。"去年"四句写"白兔""惊堕滁山",流落"信都公"家。"出入无群""奇毛难藏"都是渲染"白兔"的仙姿不凡。结尾四句是说白兔被养笼中,失去自由,不能返回月宫,诗人建议朋友将白兔送回"丰草长林"的自然界中,让其自然生存繁衍。全诗紧紧围绕"白兔"层层渲染,步步展开,内在逻辑细密,借助嫦娥神话中的玉兔意象,将人间平凡的养兔细事,创构为雄奇阔大、内涵丰富的诗歌意境,而呼唤自由的寓意令人回味不绝。

曾受考官苏轼称赞的马存,创作了《邀月亭》,作者以"嫦娥奔月"神话意象为基础,构造了与嫦娥对话交流的雄奇意境,呈现着豪放浪漫的格调:

> 亭上十分绿醑酒,盘中一筯黄金鸡。
> 沧溟东角邀姮娥,水轮碾上青琉璃。
> 天风洒扫浮云没,千岩万壑琼瑶窟。
> 桂花飞影入盏来,倾下胸中照清骨。
> 玉兔捣药与谁餐,且与豪客留朱颜。
> 朱颜如可留,恩重如丘山。
> 为君杀却虾蟆精,腰间老剑光芒寒。
> 举酒劝明月,听我歌声发。
> 照见古人多少愁,更与今人照离别。
> 我曹自是高阳徒,肯学群儿叹圆缺。

开头四句紧扣题目"邀月亭"写月亮初升景象。"绿醑酒""黄金鸡"都是"邀月"即宴请"姮娥"的美酒佳看,"沧溟东角"既是亭子的位置又是看到月亮升起的地方,"水轮"为月亮的代称,"青琉璃"比喻碧蓝的天空。"天风"四句极写万里无云,月亮不仅普照群山,而且映入酒杯中,更为令人惊奇的是,酒杯中的月亮随酒一起被诗人喝进了肚子里,竟然月光还能"照清骨"!以下六句直接与"玉兔"交谈对话、向嫦娥承诺"杀却虾蟆精"。诗人询问玉兔"捣药"是给谁吃的?与玉兔商量能不能分给"豪客"即诗人自己一些,让自己也青春永驻、长生不老?果真如此,那将恩重如山。诗人说自己一定要用"腰间老剑""杀却虾蟆",并举杯劝酒,献歌助兴。结尾四句既是歌唱的内容,又是豪放性情的表达。月亮给人的印象,总是与人们的离别忧愁相关联,而诗自称是嗜酒而放荡不羁的"高阳徒",哪里会像庸俗的世人一样在乎月亮的阴晴圆缺呢,言外之意就是,月亮可以随时来做客,从而照应了题目"邀月亭"。全篇构思新颖奇特,叙事层次清晰,意境生动亲切,充满浓厚的人情味、生活气。

宋代文化巨擘苏轼创作的经典名篇《水调歌头·明

月几时有》在运用嫦娥神话及其相关意象方面，可以说是达到了登峰造极的艺术境界。苏轼不再执着于故事表面的具体意象，而是取其魂、用其意，融为一体，浑化无痕：

> 明月几时有？把酒问青天。不知天上宫阙，今夕是何年。我欲乘风归去，又恐琼楼玉宇，高处不胜寒。起舞弄清影，何似在人间。
>
> 转朱阁，低绮户，照无眠。不应有恨，何事长向别时圆？人有悲欢离合，月有阴晴圆缺，此事古难全。但愿人长久，千里共婵娟。

上片运化"嫦娥奔月"故事于月亮形象之中，借月抒写心事。开篇四句从追问月亮起源发端，表现月亮的神圣与悠久。"天上宫阙"即嫦娥居住的月宫。"我欲"三句，抒写诗人内心矛盾，"琼楼玉宇""高处不胜寒"，都暗寓嫦娥居住的月亮环境。前结"起舞弄清影，何似在人间"，暗用对比方法，既表达了对嫦娥孤独寂寞的理解同情,又表示了对嫦娥奔月的做法并不赞同,"何似"即"不如""比不上"的意思。下片借月抒情,表达对人生与亲情的思考,既是自身的体验,也有对嫦娥的评论。"转朱阁"五句,用拟人手法通过月光来写月亮从东方升起到西方下落的动态过程,月光由于时间的变化,从不同角度照到屋里,让词人彻夜无眠,委婉含蓄而诙谐地埋怨嫦娥。"人有悲欢离合"三句,将"人"与"月"对比,以博大的宇宙意识来观照人生,得出富有哲理的深刻认识。最后两句以美好的祝愿结束全篇,表达了对胞弟的思念,并由此而上升到人生达观向上的哲理思索,抒发了词人循应物理、明达超迈的情怀。全词咏月抒怀,以月为象征意象,融合古代神话与词人的奇妙想象,咏物、写景、抒情、议论水乳交融,境界开阔壮美,极富浪漫主义色彩。作品呈现的意中景、情中趣,兄弟骨肉情与人间烟火气,既高雅又亲切。当然,苏轼也有借用嫦娥神话意象创作的诗篇,如《留题延生观后山上小堂》有句云:"不惭弄玉骑丹凤,应逐嫦娥驾老蟾",就将"嫦娥""老蟾"直接纳入诗中来写景议论,意趣横生。

朱敦儒诗词有"独步一世"之誉，他所创作的《水调歌头·对月有感》紧紧围绕"嫦娥奔月"的相关故事与意象，采用神话式的艺术构思与表现方法，抒写自己观赏月亮的感想与见解：

天宇著垂象，日月共回旋。因何明月，偏被指点古来传。浪语修成七宝，漫说霓裳九奏，阿姊最婵娟。愤激书青奏，伏愿听臣言。

诏六丁，驱狡兔，屏痴蟾，移根老桂，种在历历白榆边。深锁广寒宫殿，不许姮娥歌舞，按次守星躔。永使无亏缺，长对日团圆。

作者以雄伟磅礴的气势、客观实际的态度和批判性思维的方式，表达自己的见解与主张。上片批评世人的传统月亮观。开头四句就指出日月东升西落，本来就是宇宙自然的天文现象，为什么自古以来偏偏月亮受到人们指责？"浪语"三句融化儒释道三家经典，从正面描绘月亮气质与形象的优美，词人撷取佛经"七宝"中"金银、水晶"之类比喻月亮色如美玉一样的质地，借用《书·益稷》中"《箫韶》九成，凤凰来仪"与《楚辞·九歌·东君》中"青云衣兮白霓裳"之意，描绘月亮缥缈迷人的仙姿，词人称月亮为"阿姊"，认为月亮"最婵娟"，姿态优美娇好。"愤激"两句，是说词人怀着激愤的心情，给上天玉皇大帝写奏章，为月亮正名。下片是"青奏"即上奏天庭的内容与请求为月亮正名的具体措施。词人请求玉皇大帝下诏，命令"六丁"（即道教六位阴神：丁卯、丁巳、丁未、丁酉、丁亥、丁丑）驱逐月亮中的"狡兔"、赶走"痴蟾"，将桂树连根移走；牢牢锁住月亮中的广寒宫殿，不允许姮娥在里面唱歌跳舞，让日月星辰按照秩序有次运行。不仅如此，还要让月亮与太阳一样，保持圆圆的状态，永远不能出现不圆的情况。全词构思大胆奇特，思路一反常俗，想象出奇制胜，意境雄奇阔大，格调豪放浪漫，体现着极强的创新性。

李纲也创作过一首关于望月有感的诗，即《中秋望月有感寄叔易季言并简仲辅弟》：

> 嫦娥长不老，宫殿复新秋。
> 丹桂欲飘子，素蟾相对愁。
> 林寒枝绕鹊，江迥水明楼。
> 逐客几弦望，又看成玉钩。

诗中的"嫦娥""宫殿""丹桂""素蟾"均为奔月神话的典型意象，作者以此表达时光荏苒与亲情思念。朱熹的叔祖朱弁创作的五言律诗《丙申中秋不见月》曰：

> 中秋万里月，何处驾冰轮。
> 底事隔年会，不怜今夕人。
> 兔疑停杵臼，蟾岂避风尘。
> 默识嫦娥意，承平赏更新。

作者于战乱时期，选择了"中秋不见月"这样一个"阴云蔽日"的新角度，猜想玉兔"停杵臼"、金蟾"避风尘"，而理解"嫦娥"的意思大概是让人们等到社会安宁的"承平"时节再欣赏月亮，那时将会更有新意。诗的构思巧妙而意境深沉。与此相近，赵长卿《虞美人·中秋无月》词下阕云：

> 姮娥应怨孤眠苦，取次为云雨。素蟾特地暗中圆，未放清光容易、到仙源。

也用"姮娥""素蟾"故事增添了无限意趣。事实上，将"嫦娥奔月"神话与相关意象融入中秋词中，已经成为文人创作不可或缺的套路；比如向子諲《洞仙歌·中秋》之"谁道斫却桂，应更光辉""问姮娥、缘底事，乃有盈亏"，赵彦端《念奴娇·中秋》之"姮娥万古，算清光常共、水清山绿""广寒游戏，玉砌琉璃屋""乱呼蟾兔，捣霜为驻颜玉"，诸如此类，无一不是凭借嫦娥神话抒写性情，而意境深沉阔大，趣味丛生。

李石《虾蟆碚》一诗是从新角度新层面开发运用"嫦娥奔月"神话的创新典型。虾蟆碚位于湖北宜昌扇子岩，南宋陆游《入蜀记》有过扇子峡"登虾蟆碚"之语，且写有七律《虾蟆碚》描绘其形状,开头即为"不肯爬沙桂树边,朵颐千古向岩前"。李石创作的这首古体诗既借用嫦娥神话故事,又采取神话的表现手法,首先着眼于"虾蟆碚"来历,描述虾蟆碚的情态,创造出神奇的意境:

> 水晶宫中玉虾蟆,多年栖息嫦娥家。
> 忍饥不及一夜唅明月,天帝怒尔谪下三峡,脚手犹爬沙。

然后细致描绘"虾蟆碚"的憨态精神与月华仙气,并议论人们难识其妙:

> 婪酣大肚饱清气,但见琼流珠液百尺垂唅呀。
> 峡人只作泉水看,不知元和漱咽犹是月之华。
> 从来至味不可说,陆羽只作第四夸。
> 可怜提瓶肥斝子,强饮百斛莫救肝胆邪。

最后颇有兴致且寓含深意地指出:

> 我闻老蟾之酥乃仙药,能使风草化作黄金芽。
> 何如闭口自润泽,换尔丑质生角牙。
> 会当骑尔却上月宫去,下看桑海渺渺凌苍霞。

全诗三个层次,针脚细密而气魄宏大,意境神奇而趣味深厚。

辛弃疾《木兰花慢(中秋饮酒,将旦,客谓前人诗词有赋待月无送月者,因用天问体赋)》一反前人吟咏待月心态或月亮初升情景,而另辟蹊径,独树一帜地运化嫦娥神话故事,描绘落月景象:

> 可怜今夕月,向何处、去悠悠。是别有人间,那边才见,光影东头。是天外空汗漫,但长风、浩浩送中秋。飞镜无根谁系,嫦娥不嫁谁留。
> 谓经海底问无由。恍惚使人愁。怕万里长鲸,纵横触破,玉殿琼楼。虾蟆故堪浴水,问云何、玉兔

解沉浮。若道都齐无恙，云何渐渐如钩。

上片写月落之时。词人推想，月亮这边西落之始，就是"别有人间"的"那边"月亮初升之时。月亮运行在浩渺的天空中，陪伴着人们度过了美好的中秋之夜。月亮快要完全落下去了，没有办法让月亮留下来，就如嫦娥不愿嫁人，没有谁能留得住。下片写月落之后。古代人们认为月落之后可能经过海底回到东方，第二天又从东方升起，是否真的如此，没有办法问清缘由，词人为月亮担心和忧愁。他担心海中巨大的鲸鱼横冲直撞，会撞坏了月宫的玉殿琼楼；蛤蟆本来就会游泳，不必顾虑，但是玉兔不会浮水，会不会遇到危险？如果说嫦娥、金蟾和玉兔都安然无恙，没有损伤，为什么圆圆的月亮慢慢变成了弯弯的月牙，直到完全消失。全词以大胆的想象和精妙的构思，采取一连串气势磅礴的追问，创造了阔大神奇而耐人寻味的瑰丽意境。

刘克庄《水调歌头（十三夜，同官载酒相别，不见月作）》也运用嫦娥神话写八月十三日夜晚同僚送别情景：

> 怪事广寒殿，此夕不开关。林间乌鹊相贺，暂得一枝安。只在浮云深处，谁驾长风挟取，明镜忽飞还。玉兔呼不应，难觅白中丹。
>
> 酒行深，歌听彻，笛吹残。嫦娥老去孤另，离别匹如闲。待得银盘擎出，只怕玉峰醉倒，衰病不禁寒。卿去我欲睡，孤负此湖山。

词的上片写十三日夜晚空中无月。作者抓住当时阴天而月亮为密云遮挡的特定天气，描述嫦娥居住的"广寒殿"无声无息，不见踪影。因为没有月光，林间的乌鸦喜鹊没被惊扰，安静地栖息在树枝上的巢穴里。月亮藏在云层深处，是谁忽然把她挟持走了呢？没有了月亮，就看不到月亮中捣药的玉兔，更找不到玉兔制作的丹药。下片写与朋友离别。"酒行深"三句极写与友人的情深惜别。"嫦娥"两句从理解和同情的角度，猜测嫦娥孤独孤单，已经衰老，对于人间的离别之事已经看得很淡很淡，所以一直不出来为词人送别。等到月亮出来的时候，恐怕我与友人都早已"醉倒"，无法欣赏月亮了。全词创造了一个月夜无月、送别友人的独特意境，充满谐趣与情趣。

以创作《沧浪诗话》著称于世的严羽《游仙·其六》描绘了"瀑布好明月，上有石梁横。矫首望东海，正见蟾蜍生"的月亮初升景象，评述了"桂实几凋落，姮娥空闻名""咄哉玉斧子，不如白兔精。灵药不服食，执柯独何成"的月中意象，而以"迢迢彩云外，谁吹白玉笙。竦身一长听，了若出寰瀛"收笔，创造了一个充满情趣、耐人寻味的优美意境。

方一夔《感兴·一三》云：

月府有奇木，根干饱清露。
生香异凡间，冲风落天路。
高枝舞青鸾，低枝弄霜兔。
姮娥方妙年，衣采纯纯素。
娉婷不肯嫁，含情待谁诉。
昨与汗漫期，径向银河渡。

> 授我不死药，倚徙怨迟暮。
> 即席欲服食，终夕愁相误。
> 悠悠下高寒，回首空烟雾。

诗人描述月亮中充满生机活力的动人景象，讲述诗人自己与嫦娥相会于月宫的情景，全诗呈现出欢欣喜悦的格调，创造了瑰丽神奇、令人陶醉的优美意境。

总之，"嫦娥奔月"神话及其相关意象，在宋代文人笔下千变万化，不仅创造出多姿多彩的优美意境，而且包含深厚的生活情趣与哲理意趣，焕发着持久的艺术魅力而倍受人们喜爱。

元明清时期伴随文学艺术形式的发展变化和拓展创新，"嫦娥奔月"神话及其相关意象，一方面在诗词中继续得到反映，另一方面也进入绘画、小说与戏剧中。比如明代兰廷瑞七言绝句《题姮娥奔月图》：

> 窃药私奔计已穷，藁砧应恨洞房空。
> 当时射日弓犹在，何事无能近月中。

五 嫦娥奔月：中华初民的情感世界与月神塑造

这是一首题画诗，作者批评嫦娥"窃药私奔"，推想嫦娥在月亮中必然是落得孤独寂寞，也批评后羿为什么不追到月亮中。全诗就神话传说本事展开想象，构造了一个比较深沉的意境。

明末清初的江南文豪钱谦益在六十一岁时创作了《效欧阳詹玩月诗》，这首诗受唐代欧阳詹五言古体《玩月》诗的启迪而尽情发挥才情，形成长达200多行、几近1700字的宏篇巨制。诗人从"少年""长大"不同年龄阶段对于月亮的不同感受写起，涉及月亮的渊源历史与道教文化内蕴，而以"嫦娥奔月"神话为核心内容，充分运用描述、铺叙、拟人、夸张、渲染、对比等一系列艺术手法，在突出表现月亮中嫦娥、金蟾、玉兔、桂树等意象的同时，展开丰富想象，寓以人世间深刻的事理情趣。这里摘录中间一节略供品味：

人言金虾蟆，跳梁大无赖。

如兔顾在腹，蚀月吐光怪。

又言月中桂，婆娑百亩外。

屈曲荫大蟆，盘互作患害。

峨峨清虚府，二物为芥蒂。

能令月宫窄，更使月光杀。

虾蟆不服罪，张颐哆嘴呜呀呀。

幸逃上帝诛与磔，遑敢突瀚仍把沙。

桂树在丹路，丁丁寻斧尝交加。

绕身创瘢疗不得，何能庇彼痴虾蟆。

仙人暂辍修月斧，向我拱手长咨嗟。

老桂拥肿亦何咎，虾蟆璀碎不足科。

君思只手扪天横身荡灾祲，胡不梯云入月伸纸弹姮娥。

姮娥本非天上女，乃是尧时诸侯妻。

控弦助羿弹九日，解羽坐使阳乌微。

一朝窃药奔月窟，遁逃抵死不肯归。

虎齿何曾拜金母，龙工却欲师湘妃。

投壶调笑素女并，掷米狡狯麻姑齐。

尝仪占候良漫漶，有黄枚筮果是非。

养成月精万万古，轩宫台室齐光辉。

姮娥姮娥，尔曾不如女娲氏，炼石会补青天阙。

月宫八万四千户，朝陊暮缮工楃楃。

坐倚灵轮卧圆景，枝柱何曾费毫发。

尔曾不如河汉女，素手札札机杼闲。

七襄文章擅经纬，灿烂云锦回星躔。

谩谰天帝欺穷相，绝汉横索下礼钱。

尔曾不如须贱妾，布帛裁制勤妇功。

虽无巧心补龙衮，亦有能手资天工。

彼把酒浆困南斗，尔耽歌舞嬉月宫。

教成霓裳羽衣曲，三千年后唐天蒙。

阿瞒玉环欢失日，渔阳兵起曲未终。

九辨九歌閟天上，遗此淫乐梨园中。

姮娥姮娥叵耐汝，恨无八翼飞上青天诉月府。

月户沈沈璊不开，飞廉慵堕将谁与。

招呼月御通我言，望舒司辔袖手咋舌不敢干。

雇倩玉兔衔章之帝所，玉兔捣药告我以不闲。

西河仙人只有口，喙长三尺不顾后。

158　　　　　　　　　　　　　　　　　神话九章

见我飞章又心悸，倚树不眠但摇手。

夜阑更漏急，白露团团风瑟瑟。

篱边介鹤鸣，砌下秋虫泣。

月榭消香篆，风床卷书笈。

老夫不语亦不叹，支颐痴向中庭立。

作者大笔如椽，纵横古今，艺术表现形式灵动活泼，驰骋人间天上，意境雄阔，瑰丽神奇，既情趣盎然，又意趣浓厚，还能给人以无限丰富的联想空间。

明清时期，嫦娥神话故事大量进入戏剧小说中。明代周游创作的长篇小说《开辟演义》、题作钟惺编辑的白话中篇历史小说《有夏志传》、大约成书于明崇祯年间的佚名白话小说集《七十二朝人物演义》、明末清初徐道编撰的《历代神仙通鉴》等，都有以"嫦娥奔月"神话为基础创作的故事情节，嫦娥形象更加生动有趣，人间伦常的世俗化叙事鲜明，生活化更重，人情味更浓。而蒲松龄创作的文言短篇小说《嫦娥》则更为大众所知。

陆

羿射九日：

中华民族的英雄品格与宏伟气魄

一 文献与诠释

逮至尧之时，十日并出，焦禾稼，杀草木，而民无所食。猰貐、凿齿、九婴、大风、封豨、修蛇皆为民害。

尧乃使羿诛凿齿于畴华之野，杀九婴于凶水之上，缴大风于青丘之泽，上射十日而下杀猰貐，断修蛇于洞庭，禽封豨于桑林。

> 万民皆喜，置尧以为天子。于是天下广狭、险易、远近始有道里。

这段《淮南子·本经训》中记载"羿射九日"的文字，实际上属于假托历史人物（如尧、羿）而创作出的神话故事。在这里，"羿"的身份已经被"神"化，不再是历史上曾经有过的羿，而是一位具备超常能力的"神"，他的射箭本领和技艺竟然能够"射日"，已经远远超出了人类的极限。"射日"中的"羿"与历史上的羿，只是名字相同而已。这里称"羿"而不称后羿，也是便于二者相区别。

"羿射九日"神话的主题内容是对自然灾难的抗争和对生活安宁的渴望，是人类对极度炎热、干旱等恶劣气候遗留在潜在意识中的联想与反映。

故事分为三层。第一层描述尧时"十日并出"导致的灾难。意思是说，在遥远悠久的古代，有十个太阳同时出现在天空中，强烈炙热的阳光烘烤着大地，田野里的庄稼禾苗和树木全都枯死烤焦。老百姓不但处于无法承受的高温天气中，而且没有可以用来充饥的东西，没有办法继续存活下去。不仅如此，地面上或水泽中，各种各样的凶猛野兽和怪物，也都由于大地的炙热难耐，而更加肆无忌惮地祸害人类，给人们的生存构成巨大威胁，诸如原本藏在深水之中、喜欢吃人的怪物"猰貐"，沼泽地里长着巨牙的怪兽"凿齿"，凶水河一带祸害人类而且能喷水吐火、长着九个头颅、叫声如婴儿啼哭的恶兽"九婴"，身体庞大而形状长得像狗、脸却长得像人、见人则发出大笑声、煽动翅膀就刮起狂风、与孔雀相似但性情凶悍残暴的恶鸟"大风"，深水大泽之中贪婪残暴的"封豨"，洞庭湖畔吞吃过往动物的"修蛇"等等。这是产生"羿射九日"神话的大背景和大环境。

第二层叙述尧让羿为民除害与羿"上射十日"并诛杀恶兽的过程。羿是最为神奇的射箭能手，不仅臂膀拉弓射箭的力量巨大，而且技法高妙，射箭精准。于是，部落的首领尧就派他去为民除害，拯救人类。羿在昆仑山东面的"畴华"这个地方，用箭射死了獠牙怪兽"凿齿"，又把长着九个头的恶兽"九婴"射死在它盘踞的凶水河上；羿还在山东西南部的菏泽青丘一带，射死了凶悍残暴的恶鸟"大风"，又用弓箭将天上的十个太阳射落了九个，只留下一个继续在天上运行；羿还杀死了喜欢吃人的怪物"猰貐"，又将在洞庭湖边吞吃过往人类与动物的"修蛇"杀死；此外，他还用箭射伤并抓住了逃往桑林中的"封豨"，使"封豨"再也无法危害人类。《山海经》卷六《海外南经》就有关于"羿与凿齿战于寿（畴）华之野，羿射杀之"的记载。

第三层赞颂尧与羿为民除害和保护人类的功德。尧让羿射落了天空中破坏运行秩序的九个太阳，杀死了地上危害人们生命的各种怪物猛兽，人们的生活环境恢复了平静，人类的生命安全有了基本保障，这些都有赖于尧的安排和羿的神力。人们转危为安，生活有了保障，人人欢喜，不再忧愁。人们认为只所以能够恢复和拥有安定的生存环境，都是因为尧能安排羿为民除害的结果，这不仅反映了尧的强大谋划组织和协调能力，而且体现出尧对人民的关心呵护，于是就一致推举和拥护尧为天子，当他们的首领。在尧的带领下，人们建设自己的生活家园，社会和谐安定，普天之下，不论开阔的平原还是狭窄的山间，也不论是艰难险阻的山区还是平坦宽阔的平原，无论远近，都修了道路，为人们的交往和生活提供了很大方便。

总之，"羿射九日"神话完整地讲述了灾难发生、除恶灭凶、恢复安宁的全过程，突出了羿以"神"力呵护人民的勇气与魄力。

二 时间假托与人物神化

在人类发展的历史过程中，真的遇到过天空中出现十个太阳同时运行的情况吗？在中华民族遥远悠久的亘古时期，真的出现过羿这样能够"射日"的人物吗？人类可以杀死或征服恶鸟巨兽，但真的有人能够用"箭"射下太阳来吗？而被羿用箭射下来的"九日"又是什么呢？

神话与现实生活有着密切关联，但同时又是超越现实的艺术想象。神话是关于"神"的故事,描述的都是当时人类所不可能具有的超人能力和神奇之事,尽管其中不乏读者熟悉的人世间的人物元素,但这些人物也往往只是借用或假托而已。"羿射九日"中的尧与羿就是这种情况。在中华民族的历史传说中,尧与羿都曾确有其人。据考证,尧大约生活于公元前2317年至公元前2200年间,距今已经有4300多年的历史。但在"羿射九日"神话中,"尧"只是被借用来表达历史的久远和时间的遥远,属于一种艺术表现手法,而不是说这个故事就发生在4300多年以前。

从上面摘录"羿射九日"这段文字叙述的内容不难看出,作者的根本宗旨在于称扬尧的品德,表现他面对巨大自然灾害,如何想方设法保护百姓,歌颂他的应急处置力和卓越领导力。而羿不是故事重点表现的核心人物或第一角色,"射九日"也不是故事的唯一内容。然而,毫无疑问的是,"羿射九日"是这段文字中最具神话色彩、最能吸引读者和最有艺术魅力的核心内容,也是最能打动读者、能留下深刻印象、思想冲击力最强的故事情节。与"太阳崇拜"的传统习俗截然相反,"射日"应当是"大逆不道"的行为,自然会给读者造成强烈的思想冲击。当然,"十日并出""上射十日"显然是人类现实社会中不可能出现的事情,或许这是人类对恶劣自然灾害的丰富想象与艺术表现,反映了人们迫切期待有"救世英雄"出现的理想,渴望尽快结束这种灾难的普遍心理意识。

毫无疑问,神话中的羿是在人们讲述远古自然灾害的过程中,集体塑造出来的一位精于射箭的"神"。羿之外,在中国古代文献典籍中,还可以看到不少关于"大羿""后羿""夷羿"等之类的名字,以及相关事迹的记载,如《尚书·夏书》的"有穷后羿"与《竹书纪年·夏纪》的"后羿代夏"以及《春秋左传·襄公四年》的"夷羿收之"等,这些人物属于历史传说中曾经真实存在过的人,不属于神的行列,更不是神。但是,他们或许就是创造善射之神"羿"的现实基础。不论"射日"之"神",还是历史之"人",其共同的特点有两个:一是"善射",精于箭法,威力神奇,超过常人;二是都与远古时期生活在山东半岛地区的东夷部落有关。据专家考证，两万八千年之前，东夷人就发明了弓箭，所以后世创造的汉字"夷"，就是由"大"和"弓"组成的会意字，汉代许慎《说文解字》说：夷"从'大'从'弓'，东方之人也。"《山海经·海内经》说："少皞生盘，盘是始为弓矢。"少皞是东夷部族的首领，他的儿子名字叫"盘"，被认为是弓箭的最早发明者。《山海经·海内经》又说："帝俊赐羿彤弓素矰，以扶下国，羿是始去恤下地之百艰。"俊是中国古代神话中的上古天帝，他将弓箭赐给羿，让羿到"下国（即人世间）"去帮助人们解除灾难和痛苦，这已经呈现出"神"与"人"的交集与结合，呈现出社会现实的"神化"。

总之，"尧"与"羿"都已经不再是历史现实中的人物，而是神话故事中被艺术化了的具体元素，"尧"象征着时间的久远，而"羿"则是人"神"化后的形象。

三 意象与艺术创造

"羿射九日"神话故事的亮点在"射日",而正确理解、科学诠释的焦点在于"日",特别是必须搞清楚现实中的"日"与被射落的"九日",二者之间到底存在着什么样的关联。

"羿射九日"神话的产生,与中华民族传统文化中的"阴阳学说"观念有着深刻的内在关联。古代先贤认为,宇宙万物皆分阴阳,如《黄帝内经·素问·阴阳应象大论》所说之"阴阳者,天地之道也,万物之纲纪",《易传·系辞上》所说之"一阴一阳之谓道"。在人们的意识观念中,"月"为阴,"日"为阳,二者既相反相成,又相辅相成,是宇宙自然中不可分割的一对基本概念。

毋庸讳言,任何神话的产生,都以人在现实生活中的切实感受、长期观察和深入思考为基础,"曦和御日""羿射九日"等太阳系列的神话也是如此。

在天文学领域,太阳与月亮是人们最容易观察到的宇宙天体，比如月亮大都在夜间可见，月亮表面的地质风貌呈现出的灰暗图形，很容易让人联想到现实生活中普遍存在的熟悉的动物形象，于是就产生了月中有"蟾、兔、桂"之类的说法，塑造出"月精""月魄""月魂"的意象。与月亮不一样，太阳在白天运行，由于光线强烈刺眼，人们很难像观察月亮那样，轻易地看到太阳表面的景象。虽然"太阳黑子"是近代的科学发现，然而太阳表面有时也会出现像鸟一样形状的暗影，如同一只黑色的乌鸦蹲居在红日的中央，于是人们仿照月亮中的情形，也给太阳创造出"阳精""阳魂"一类的意象，并且以"乌"称日。由于阳光呈金黄或赤红色，所以人们以"踆乌""赤乌""金乌"称太阳，把"乌"看成是与太阳同在的神鸟，甚至还把它描述成"三足"，以区别于普通的鸟类。人们甚至认为神鸟在驮着太阳运行，于是产生了"金乌驮日"或"金乌负日"的神话故事。所有这些由太阳黑子到鸟类乌鸦的联想和比喻，既是人们观察太阳中暗影现象的形象认知，又是太阳崇拜心理不断深入的美好展现。

与月亮中的"蟾、兔、桂"意象全都生活在大地上有所不同,乌是在天空飞行的精灵,日与鸟类就联在了一起,而且选择了颜色最黑的乌鸦为代表性标志,后来还丰富发展为凤凰的形象。由此形成日与月的阴阳对称,"乌"与"蟾、兔"阴阳区分的对应格局,所以王充在《论衡·说日》里称"日中有三足乌,月中有兔蟾蜍",韩愈《李花赠张十一署》诗以"金乌海底初飞来,朱辉散射青霞开"描绘太阳升起的情景,白居易《劝酒》诗以"天地迢遥自长久,白兔赤乌相趁走"描述时间过得很快。以"乌"称日、以"乌"代日,正如以"金蟾""玉兔"称代月亮一样,成为约定俗成的文化符号。

　　由太阳表面的暗影到乌鸦形状的想象,其中含纳了人们对自然景物的丰富联想和主观意识,这既是一个虚拟幻化的艺术创造过程,又是一种情趣盎然的艺术表现方法。1972年,长沙马王堆一号汉墓出土的"辛追墓T形帛画",其图案上层右上角是一轮耀眼醒目的硕大红日。这轮红日位于巨型扶桑树的顶端,红日中间是一只两足站立、清晰逼真而又朴实利落的黑色小鸟,这就是太阳神话传说中最初的原型神鸟,被称为"乌""金乌""赤乌""神乌"等。硕大红日之下的扶桑树枝头上,还分布着三层形状大小相同的八个小太阳,与上面的硕大红日一起,共同组成了"扶桑九日"图样,而不是"十日"。这大概与"九"为"阳极"的文化理念有着直接关联。清代著名文字学家朱骏声《说文通训定声》称"古人造字以纪数,起于一,极于九",而《管子·五行》说"天道以九制",《楚辞·九辨·序》也有"九者,阳之数,道之纲纪也"的说法,《易·文言》则认为"乾玄用九,乃见天则"。"T形帛画"右上角的"扶桑九日"图,无疑是"九阳"文化理念既生动形象而又具体实在的表现。此其一。其二,古代"九"与"久"通用,"久"即时间很长、历史悠久、生生不息,而太阳东升西落,循环往复,亘古不变,生命永恒,不可谓不久。"久"字既含纳了太阳在时间方面无可替代的永恒特点,又象征着生命不死的长久存在,"九日"即"日久"或长久、永远之意,蕴含着祈福、赞颂的文化意义,充分利用和发挥了汉字发音与表意的特点。其三,汉代许慎《说文解字》

称"九,阳之变也",意思是说太阳标志着时间的变化,日复一日,月复一月,年复一年,却常见常新,每天都有一个新的太阳从东方升起,体现着一种朴素的辩证思维。其四,太阳还与中国古代传统文化的阴阳五行学说理论密切相关。《周易》"离"卦代表着"火",方位配南方,其数配"九";南方为"朱雀",于五行主火,象征四季中的夏季,故"九"既指南方,又有"火热"之意。总之,"九日"不止于虚拟天象的描述,更暗含着酷热的极端气候,成为"羿射九日"的背景和因由。

无独有偶,1986 年,四川广汉三星堆二号祭祀坑出土的商代青铜神树,树干上分布着三层树枝,每层都有三个枝条,每个枝条上的末端都长着一个果实,果实上又都站立着一只丰硕神武的鸟,共有九只,这与上面"T形帛画"中的"扶桑九日"恰好相同。但值得特别注意的是,此处的神鸟,已经不再是"T形帛画"中黑色"乌鸦",而是明显地集合了多种鸟类元素,甚至令人不由地联想到凤凰形象。然而,三星堆青铜神树上的九只太阳鸟,依然是"双足",并没有突出呈现鸟足的特别之处。

2001年2月25日，中国考古专家在成都金沙遗址发现了"太阳神鸟"金箔。这个金箔由内外两层图案构成。内层图案是一个处于顺时针旋转状态的实心火球，由十二条等距离分布的齿状式光芒组成，代表着太阳；外层图案由四只按逆时针方向飞行的神鸟构成，与内层图案的旋转方向相反。图案中的四只神鸟，不仅等距离对称分布，形状相同，而且首足前后相接，足为"三趾"。考古学家们将这件珍贵的出土文物定名为"太阳神鸟"金箔。应当特别指出的是，金箔中的神鸟为"三趾"而不是"三足"，除了取"三"为阳数的意义之外，更为重要的是区别了"足"与"趾"，避免了人们的产生歧义或误解。中国古代神话中的"三足鸟"，由于"足"字属于象形字，其甲骨文写法像连腿带脚的整个下肢，"足"字的本义众说纷纭，有人认为是指"脚"，有人以为应当包括脚、小腿甚至大腿，也有人认为是指膝盖以下部分，所以"三足鸟"往往被描绘成三条腿的鸟，部分出土器物或图画也确有"三条腿"的鸟形象。"趾"的内涵却较为明确和固定，就是指脚或脚指头，"三趾"就是"三爪"，不会有歧义，也与现实更贴近，人们更熟悉。可以确定的是，"太阳神鸟"金箔为人们正确且形象地诠释了"三足"即"三趾"或"三爪"。当然，理解为"三条腿"的畸形鸟，或者更容易引起人们的好奇心，不妨自成一家之言。

总之，日与"三足乌"之间的关联，都是人们的艺术想象。"射日"只能是人们幻想虚拟的情景，而"射鸟"则是远古先民为维持生存经常做的事情。由此，鸟与日的联系，或者就是创造"羿射九日"神话故事的现实生活基础，所以屈原《天问》有"羿焉彃日，乌焉解羽"之说。

四 人文内涵与民族精神

太阳从来就是人类共同崇拜的宇宙大神，不分族群，不分地域，而"射日"行为显然不符合人类的传统观念和思维模式，呈现出与"太阳崇拜"大相径庭、背道而驰的奇怪状态。这种现象不得不令人深思其背后的深刻原因，也必然会寻觅和发掘其中蕴藏的思想意识与丰富内涵。仔细品味，我们可以发现，"羿射九日"至少体现着以下五方面的人文内涵：

首先是蕴藏着"以人为本"的文化理念。人类"太阳崇拜"的最根本原因，是因为太阳造福于人类，不但给人类带来光明和温暖，而且孕育宇宙万物的生命和成长，成为人类生存的根本前提和基本保障。然而，"十日并出"的反常现象，给人类带来的是无尽的灾难，即如神话故事描述的"焦禾稼，杀草木，而民无所食"。这不但造成了自然生态的严重破坏与农作物的毁灭，而且直接危及人类的生命与生存，造成了人类的巨大灾难。中华文化有"以人为本""天人合一""尊道贵德"三大理念，放在第一位的就是"以人为本"，造福人类者自然受到崇拜，而祸害人类者则必遭挞伐。因此，"羿射九日"蕴藏的首先是保护人类、珍惜生命、维持人类生存的生命意识与民本思想，体现着"人民至上"的内在精神。

如果违反了"以人为本"和维护人类生存的基本原则,即便是被人们普遍崇拜的太阳也会受到惩罚。

其次是反映了中华民族面对自然灾害英勇顽强的抗争精神。面对"十日并出""民无所食"且恶兽"皆为民害"的残酷恶劣的灾害,是不屈不挠地积极应对,还是消极悲观地听天由命,这是考验人类思想智慧和意志能力的试金石。"羿射九日"体现的正是中华民族勤劳勇敢的本质特征,面对重大自然灾害,不甘屈服,积极调动和充分发挥自身主观能动性,无所畏惧,勇敢抗争,努力作为,最终战胜"天灾"的坚强意志和英雄精神,体现出人类潜在的巨大能量和无限创造力。

再次是表现出嫉恶如仇、除恶灭邪的正义精神与宏伟气势。猰貐、凿齿、九婴、大风、封豨、修蛇等之类的猛禽恶兽,于"十日并出"之时,趁机肆虐,祸害人民。"尧乃使羿""上射十日而下杀猰貐",射死和除掉了所有为害人民的猛禽恶兽,让人们不再遭受源于自然界禽兽的心理恐惧和生命威胁,不仅让人们获得了生存的安全保障,而且展示出中华民族不惧恶、不信邪的顽强与自信，体现着势不可挡的恢弘气魄和英勇崇高的正义精神。

从次是体现了维护正常秩序与保持生态平衡的和谐精神。中华文化最足珍贵的根本性质是构建人类社会稳定的"秩序"，这既是宇宙万物天然具备与严格遵循的普遍规律，也是人类生存发展不可违背的基本条件与社会保障。建立秩序、遵守秩序、维护秩序，成为自然宇宙和人类社会发展的共同特点。"上射十日"而下杀恶兽，恢复了正常的秩序，保持了生态的平衡，呈现出万物和谐、各居其位的状态，反映了人们追求世界有序运行、事物和谐相处的理想与精神。

最后是表达了渴望安定安宁与交往交流的和平发展精神。正常秩序恢复，"万民皆喜"，拥戴和推举安排"羿射九日"的尧作为他们的首领"天子"。这既是人类建立社会组织制度的重要表现，又是实现安定有序、建设家园、健康发展的重要方式。由此，在尧的领导下，普天之下，不论道路的距离远近，也不论区域多么艰难险阻，都修筑了道路，建立了村庄，天下太平，社会安宁，不再有猛禽恶兽的威胁侵扰，人们可以自由安全地交流交往和生活，体现着中华民族对人类和平发展的历史实践与幸福憧憬。

总之，"羿射九日"神话蕴含着丰富而深刻的人文内涵，体现着鲜明而突出的民族精神，发人深思，给人启迪。

五　文学呈现

"羿射九日"的神话故事，是一个族群集体创造、不断丰富完善的历史过程。在未有文字之前，"羿射九日"的神话故事即在民间流传，而创明文字之后，又逐渐进入了典籍文献的记载之中。

《尚书》中的《夏书》就提到"有穷后羿"的故事。春秋战国时期由晋国、魏国史官撰写的史书《竹书纪年》，是目前中国古代唯一留存的免遭"秦火"之焚的编年体通史，叙述夏、商、周的历史。该书曾记录帝廑即位后,"八年,天有妖孽,十日并出",还有"羿代太康"的记载。《春秋左传·襄公四年》更是详细介绍了"有穷后羿"的相关历史:

> 昔有夏之方衰也,后羿自鉏迁于穷石,因夏民以代夏政。恃其射也,不修民事而淫于原兽。弃武罗、伯困、熊髡、龙圉而用寒浞。寒浞,伯明氏之谗子弟也。伯明后寒弃之,夷羿收之,信而使之,以为己相。浞行媚于内而施赂于外,愚弄其民而虞羿于田,树之诈慝以取其国家,外内咸服。羿犹不悛,将归自田,家众杀而亨之,以食其子。其子不忍食诸,死于穷门。靡奔有鬲氏。浞因羿室,生浇及豷,恃其谗慝诈伪而不德于民。使浇用师,灭斟灌及斟寻氏。处浇于过,处豷于戈。靡自有鬲氏,收二国之烬,以灭浞而立少康。少康灭浇于过,后杼灭豷于戈。有穷由是遂亡,失人故也。

这段文字是说,以前在夏朝刚刚衰败的时候,后羿从原

182　　神话九章

来居住的鉏地，带领着夏朝的人民迁移到了穷石这个新的地方，成为这个族群部落的首领。后羿仗着自己高超的射箭技术，不思考如何让老百姓过上好日子，不把心思用在治理国家上，而是把时间和精力都花在了打猎上，追杀草原上的野兽。后羿疏远或罢免了武罗、伯困、熊髡、龙圉这些正直能干的大臣，而收留和重用奸诈的寒浞为丞相。寒浞阿谀奉承、献媚取宠于后羿，花费大量时间精力陪同后羿去野外打猎取乐，在用大量钱财货物贿赂其他邦国部落的同时，欺骗愚弄本国的老百姓。后羿对寒浞的作为听之任之，不警惕、不制止，以至被寒浞杀害，并烹煮后逼迫其家族中的后人吃掉。后羿家人不忍吃，全被寒浞杀死。寒浞不仅篡夺了后羿的王位，成为夏朝的执政者，而且还霸占了后羿的妻室，生了浇和豷两个儿子。这两个儿子依仗父亲寒浞的奸诈为非作歹，祸害百姓。寒浞让儿子浇率领军队消灭了斟灌及斟寻氏两个国家，把浇安排在"过"地驻守，把豷安排在"戈"地驻守。此后不久，有鬲氏打败了寒浞的两个儿子，不仅收复了这两个已经破烂不堪的地方，而且还消灭了寒浞，拥立少康为夏朝的皇帝。后羿在穷石这个地方建立的王朝就彻底灭亡了，这就是用人不当造成的结果。

当然，以上这段文字的记载，属于现实社会的历史史实，而"羿射九日"的神话传说，无疑选择和吸收了其中的元素，进行了艺术的加工和创造。

孔子《论语·宪问》有这样的记载：

> 南宫适问于孔子曰："羿善射，奡荡舟，俱不得其死然。禹、稷躬稼而有天下。"夫子不答。南宫适出，子曰："君子哉若人！尚德哉若人！"

南宫向孔子请教的问题是：后羿射箭技术高得无人可比，寒浞的儿子奡一个人就可以在陆地上推动大船，力量大得无人可比，但是后羿被寒浞杀害，奡为少康所灭，都没有好死或善终。而大禹因为帮助天下的人们治理洪水、后稷因为教老百姓如何种庄稼，却得到天下人们的敬仰和歌颂，成为拥有天下的伟人。这是为什么呢？孔子没有明确地回答，但孔子对于南宫的评论，就是问题的答案，即"君子""尚德"，有德必有寿，大德享大寿，品德往往决定人的终生命运。三国魏何晏集解、北宋邢昺注疏的《论语注疏》对鲁国大夫南宫敬叔去向孔子请教的故事，有着较细致的注解；其中对于"羿""寒浞""奡""少康"四人的关系交待得十分清楚：

> 羿，有穷国之君，篡夏后相之位。其臣寒浞杀之，因其室而生奡。奡多力，能陆地行舟，为夏后少康所杀。

"羿""寒浞""奡"三人都是以邪恶手段得到权位，所以都不得好死与寿终，没有好下场。南宫意欲以大禹、后稷比孔子，孔子谦逊，故避而不答，直到南宫离开后，才有"君子哉若人！尚德哉若人"的评论，称赞南宫其人。

孟子曾多次以后羿为例论说道理。《孟子·离娄下》称：

逢蒙学射于羿，尽羿之道，思天下惟羿为愈己，于是杀羿。孟子曰："是亦羿有罪焉。"

这是说后羿虽技艺超群而不能识人，重视技艺而忽视品德，终为逢蒙所杀。《孟子·告子上》所载之"羿之教人射，必志于彀。学者亦必志于彀。大匠诲人必以规矩，学者亦必以规矩"，《孟子·尽心上》所称之"大匠不为拙工改废绳墨，羿不为拙射变其彀率"，都是用后羿为例子，说明教学必须着眼于高处，重视方法、规律和原则的引导。《庄子·齐物论》也有"昔者十日并出，万物皆照"的记载，描述传说中的怪异现象。以上这些文献，都或多或少地涉及"羿射九日"神话的故事元素。

最早将"羿射九日"故事纳入诗歌的是伟大诗人屈原。他在《天问》中的两问——"羿焉彃日？乌焉解羽？"——首次以诗歌形式直接表述"羿射九日"的故事，作者不仅追问为什么"羿射九日"，而且追问为什么"射日"而掉落下来的是乌鸦的"羽毛"。《天问》还用不少的篇幅叙述与羿相关的历史传说故事：

> 帝降夷羿，革孽夏民？
> 胡射夫河伯，而妻彼雒嫔？
> 冯珧利决，封豨是射。
> 何献蒸肉之膏，而后帝不若？
> 浞娶纯狐，眩妻爰谋。
> 何羿之射革，而交吞揆之？

其中的"帝降夷羿""封豨是射"等，都是"羿射九日"中的重要内容。而经典名篇《离骚》也有详细描述羿的故事片段：

> 启《九辨》与《九歌》兮，夏康娱以自纵。
> 不顾难以图后兮，五子用失乎家巷。
> 羿淫游以佚畋兮，又好射夫封狐。
> 固乱流其鲜终兮，浞又贪夫厥家。
> 浇身被服强圉兮，纵欲而不忍。

六　羿射九日：中华民族的英雄品格与宏伟气魄

日康娱而自忘兮，厥首用夫颠陨。

夏桀之常违兮，乃遂焉而逢殃。

后辛之菹醢兮，殷宗用而不长。

这些内容都与《尚书》《竹书纪年》《春秋左传》等文献记载大体一致，可以互读并释。

西汉辞赋大家扬雄《校猎赋》有"天清日晏，逢蒙列眦，羿氏控弦"之句，以比喻手法描述打猎人的表情与精准；晋代郭璞《山海经图赞》有"凿齿人类，实有杰牙。猛越九婴，害过长蛇。尧乃命羿，毙之寿华"之句，称赞羿杀恶兽；梁代江淹《遂古篇》也有"十日并出，尧之间兮。羿邪毙日，事岂然兮"的句子，感叹"羿射九日"的传说。

诗仙李白《朗月行》用"羿昔落九乌，天人清且安"描绘天下清明、社会安宁的景象；诗圣杜甫《观公孙大娘弟子舞剑器行》句云：

昔有佳人公孙氏，一舞剑器动四方。

观者如山色沮丧，天地为之久低昂。
㸌如羿射九日落，矫如群帝骖龙翔。
来如雷霆收震怒，罢如江海凝清光。

其中"㸌如羿射九日落"借用"羿射九日"极写公孙大娘舞剑时剑光闪闪的情景，气象恢宏，意境阔大。

宋代理学家们不仅把"羿射九日"的故事运用到认识事理的过程中，而且还在教学实践的过程中体悟教学之道。程颢、程颐《程氏遗书》说：

程子在讲筵，执政有欲用之为谏官者。子闻，以书谢曰："公知射乎？有人执弓于此，发而多中，人皆以为善射矣。一日，使羿立于其傍，道之以彀率之法。不从，羿且怒而去矣。从之，则戾其故习而失多中之功。故不若处羿于无事之地，则羿得尽其言，而用舍羿不恤也。某才非羿也，然闻羿之道矣，虑其害公之多中也。"

这段文字以羿教射为喻，委婉谢绝朝廷任用之意，而表达自己更适合于教书的志向，贴切自然。

宋代的诗人也将"羿射九日"的故事融入创作中，写出了许多经典名篇。诗人梅尧臣创作的《高阳关射亭》云：

> 星弧射狼夜夜张，角弓备寇不可忘。
> 将军屯师古关下，不尚武力何由强。
> 日与官兵来会此，弓须射硬箭射长。
> 更如羿中九乌毙，独见杲杲明扶桑。

作者运用"羿射九日"典故，表现保卫国家边防的意志决心。苏舜钦《依韵和胜之暑饮》云：

> 九夏苦炎烈，入伏气候恶。
> 况兹大旱时，其酷甚炮烙。
> 争得羿复生，射此赤日落。
> 欲擘青天开，腾身出寥廓。

神话九章

狂走无处逃，坐恐肝脑涸。

不如以酒浇，庶可免焦烁。

作品描述大旱酷热给人们造成难以承受的痛苦，由此联想到"羿射九日"的神话传说，发出了"争得羿复生，射此赤日落"的奇特感想。刘攽《弹乌》诗从"羿射九日"的神话传说写起：

夷羿射赤日，霍然落天衢。

独成万世名，昔日摧九乌。

由此联想到人生残酷的社会现实：

逼仄慨时俗，臂射妨四隅。

谁能雏彀间，计校死舆枯。

孰谓党频频，莫黑相为徒。

给人深刻的警醒与反思。南宋后期诗人俞德邻创作的

《遣兴十首呈孟兵部使君·其一》云：

> 逢蒙学羿射，杀羿射始神。
> 羿兮信有罪，蒙哉真忍人。
> 世途昏若漆，对面越与秦。
> 眼中今历历，欲语愁馀嗔。

作品通过对羿教逢蒙学射而为学生逢蒙所杀的议论，表达人世间关系的复杂，感叹人生，给人以提醒，充满哲思。

总之，"羿射九日"的神话传说广为流传，已经成为内涵深厚的中华文化符号。

柒

共工怒触不周山：『冲动』与『制怒』的情绪管理

一　文献与诠释

　　共工与颛顼争为帝，怒而触不周之山，天柱折，地维绝。天倾西北，故日月星辰移焉；地不满东南，故水潦尘埃归焉。

这段"共工怒触不周山"神话，出自《列子·汤问》，这是目前见到的古代相关文献中，情节比较完整的最早记载。在《列子·汤问》中，商朝开国君主"殷汤"与大臣"夏革"讨论古今事物发展变化规律——即远古事物与当代发展的关系，特别是探讨自然宇宙和地理空间的变化情况。他们认为，世间万物，各有美中不足的地方，"天"与"地"也都是自然宇宙中"物"的一种。既然是"物"的一种，就会有不完美、不理想和令人不满意的地方，即所谓"天地亦物"，"物有不足"。于是，作者不仅举出"天"有缺口的"不足"，使得"女娲氏炼五色石以补其阙"，而且还指出"天倾西北"与"地不满东南"的"不足"。"共工怒触不周山"的故事，解释了造成这种天地"不足"现象的原因。这段文字位于讨论结尾处，不是讨论的核心问题，也不是讲述一个完整独立的故事，但在长期的流传过程中，成为一个为人熟知的经典神话。

"共工怒触不周山"的故事内容并不复杂，八个分句，构成两层意思。前四句为第一层，写共工触山；后四句为第二层，写天文地理。

第一层将"共工"作为神话故事的表现焦点，叙述共工与颛顼"争"夺帝位失败后的情景。共工愤怒地冲向支撑天地的不周山，撞断了这座擎天大柱，天空失去了支撑，捆绑和固定大地的绳子也断裂了，大地失去了平衡而倾斜。这一层突出了共工的"争"与"怒"，突出了天地遭到破坏后的严重后果。

第二层落脚于自然宇宙的现实景象，指出这种景象形成的原因，就是"共工怒触不周山"的结果。支撑天空的"不周山"被撞断后，天空变成了向西北方向倾斜的状态，东南高而西北低，所以天空中的太阳、月亮和星星都是向西北方向移动运行和落下；而捆绑大地的绳子破断，则造成了大地西高东低的面貌与走势，所以所有大江大河和湖泊的水都流向东方，注入了低洼的大海。不难看出，这两层意思之间有着紧密的内在逻辑，体现着"前因后果"的关系，这是人们长期观察天文地理现象后的思考、猜测与诠释。

由故事本身可以看出，"共工怒触不周山"最具神话色彩和思想冲击力的有三点：

一是共工撞断了不周山，体现着超常的神奇力量，这是社会现实中的平常人永远做不到的事情，而只有虚构幻想而塑造出的"无所不能"的"神"，才会被赋予如此奇幻的力量；

二是不周山是天地的支柱，这无疑是纯粹的虚拟，但是山峰支撑天空的想象，既符合人们眼中看到高山"耸入云天"的现实景象，又符合神话创造的夸张思维模式；

三是"故天倾西北，日月辰星就焉""地不满东南，故百川水潦归焉"的宇宙地理自然现象，被视为共工撞断不周山的结果，解释了自然现象形成的背后原因，不但给人们一种看似合乎情理的答案，满足了人们好奇、猎奇与刨根问底的心理需求，而且更加突出了共工"神"的属性，同时也淡化了其"人"的特点。

二 共工之"人"的"神"化

共工的形象，是"人"的"神"化，彰显着这一神话传说故事的艺术创造手法。

共工与颛顼都是中华民族远古时期传说中的历史人物，古代传世的文献典籍多有记载。作为历史人物的共工，实际上是中华民族远古时期的部落首领，据说是古代神农氏的后代，属于炎帝一族。《山海经·海内经》有共工为炎帝后裔的记载；《左传·昭公十七年》称"共工氏以水纪"，擅长江河水务的管理；《国语·鲁语上》谓"共工氏之伯九有也"，是说共工曾一度是九州的霸主，即中原部落联盟的首领；《管子·揆度》称"共工之王"，而《史记·补三皇本纪》也有"诸侯有共工氏，任智刑以强霸而不王"的记述；如此等等，不胜枚举。由此可见，共工确实是中国远古历史上曾经存在的真实人物。而早在《归藏·启筮》中就已经有"共工人面蛇身朱发"的描述，开始赋予神话色彩。《列子》中的"共工怒触不周山"故事，已经将历史人物共工完全"神"化。

与"神"化的共工有所不同，颛顼是"共工怒触不周山"神话中的"配角"，虽然他是黄帝的后裔，也是远古部落的首领，《史记·五帝本纪》说颛顼"静渊以有谋，疏通而知事"，但是他在神话中的作用只是借用其名。

前人对于"共工怒触不周山"神话的理解见仁见智，但往往没有分清神话本质与现实性质的区别，将神话人物等同于历史人物，逻辑的混乱导致理解的矛盾。东汉王充《论衡》卷十一《谈天篇》第三十一指出：

> 儒书言："共工与颛顼争为天子，不胜，怒而触不周之山，使天柱折，地维绝。女娲销炼五色石以补苍天，断鳌足以立四极。天不足西北，故日月移焉；地不足东南，故百川注焉。"此久远之文，世间是之言也。文雅之人，怪而无以非，若非而无以夺，又恐其实然，不敢正议。以天道人事论之，殆虚言也。

> 与人争为天子，不胜，怒触不周之山，使天柱折，地维绝，有力如此，天下无敌。以此之力，与三军战，则士卒蝼蚁也，兵革毫芒也，安得不胜之恨，怒触不周之山乎？且坚重莫如山，以万人之力，

共推小山，不能动也。如不周之山，大山也，使是天柱乎，折之固难；使非柱乎？触不周山而使天柱折，是亦复难。信颛顼与之争，举天下之兵，悉海内之众，不能当也，何不胜之有？

且夫天者，气邪？体也？如气乎，云烟无异，安得柱而折之？女娲以石补之，是体也。如审然，天乃玉石之类也。石之质重，千里一柱，不能胜也。如五岳之巅，不能上极天乃为柱。如触不周，上极天乎？不周为共工所折，当此之时，天毁坏也。如审毁坏，何用举之？"断鳌之足，以立四极，"说者曰："鳌，古之大兽也，四足长大，故断其足，以立四极。"夫不周，山也；鳌，兽也。夫天本以山为柱，共工折之，代以兽足，骨有腐朽，何能立之久？且鳌足可以柱天，体必长大，不容于天地，女娲虽圣，何能杀之？如能杀之，杀之何用？足可以柱天，则皮革如铁石，刀剑矛戟不能刺之，强弩利矢不能胜射也。

察当今天去地甚高，古天与今无异。当共工缺天之时，天非坠于地也。女娲，人也，人虽长，无及天者。夫其补天之时，何登缘阶据而得治之？岂古之天，若屋庑之形，去人不远，故共工得败之，女娲得补之乎？如审然者，女娲已前，齿为人者，人皇最先。人皇之时，天如盖乎？说《易》者曰："元气未分，浑沌为一。"儒书又言：溟涬濛澒，气未分之类也。及其分离，清者为天，浊者为地。如说《易》之家、儒书之言，天地始分，形体尚小，相去近也。近则或枕于不周之山，共工得折之，女娲得补之也。含气之类，无有不长。天地，含气之自然也，从始立以来，年岁甚多，则天地相去，广狭远近，不可复计。儒书之言，殆有所见。然其言触不周山而折天柱，绝地维，销炼五石以补苍天，断鳌之足以立四极，犹为虚也。何则？山虽动，共工之力不能折也。岂天地始分之时，山小而人反大乎？何以能触而折之？以五色石补天，尚可谓五石若药石治病之状。至其断鳌之足以立四极，难论言也。从女娲以来久矣，四极之立自若，鳌之足乎？

王充认为,"共工怒触不周山"是已经流传了很久的故事,人们大都认为是曾经发生过的真实故事。很多饱读诗书很有学问的高雅文人,虽然觉得故事十分荒诞奇怪,不可能发生这样的事情,但是却没有人出来批评或辩驳故事的荒诞,因为如果指出其不合情理的毛病,又找不出可以替代目前这种解释天文地理现象的新说法,所以人们一直不敢正面议论和批评。

王充指出,就天的运行规律和人的实际能力来看,"共工怒触不周山"不过是一个虚构的故事,并非历史的真实,即所谓"虚言"。为什么这样说呢?王充从人事与天道两大方面进行了实事求是的认真分析。他先从人事方面分析,认为力气大得能够撞断不周山,一定是"天下无敌",没有人能打得过。有这样的力气和本领,在战场上谁也阻挡不住,怎么会被打败而"怒触不周山"呢?何况不周山如此坚硬广大,怎么会被共工撞断?在社会现实中,即便一万个人共同推动一座小山也是不可能实现的。王充由此推论,颛顼就是带领全天下的军队和人民也打不过共工，或者说共工也不会被打败。此其一。其二，王充又从天的性质——"气"与"体"，以及古今现实情况对比等方面，指出"天柱折"与"鳌足代"的极端荒诞性。由此有力地证明"共工怒触不周山"只是"虚言"。

毫无疑问，王充分析入情入理，观点和结论正确严谨，的确很有说服力。遗憾的是，王充既没有认识到"虚言"恰恰是"神话"故事最主要的表现特征，又没有深入发掘"虚言"背后蕴含的丰厚人文精神。更为令人遗憾的是，他忽略了"神话"的性质，而把"神话"等同于社会现实，用世间的人情事理来衡量检验虚幻的"神话"，把历史人物的"共工"等同于虚拟想象的"共工"。而这正是当时文人雅士"怪而无以非""不敢正议"的主要原因。

"共工怒触不周山"的神话除《列子·汤问》外，汉代刘安《淮南子·天文训》、司马迁《史记·补三皇本纪》等书均有记载。这种典籍记载的文化现象本身，足以说明人们已经或多或少地感觉到故事里的内在意义与文化内涵。

三 人文内涵

正确解读和深刻认识"共工怒触不周山"神话，需要做到三点：

首先，必须明确神话的核心内容与故事的落脚点。共工神话的主题是解释人类观察到的"天文""地理"存在景象与运行状态。共工怒触不周山，这是一个与其他广为流传的神话传说有着重要区别的故事。故事的焦点不是表现共工神力的巨大，而是交待造成"天倾西北""地不满东南"自然现象的原因，"共工怒触不周山"只是神话创造者们虚构想象的情景，即所谓"虚言"，以此解释造成这种状态背后的原因。这是人类早期不了解宇宙运行机理的天真想象和大胆猜想。

其次，必须区分历史现实中的"共工"与神话故事中的"共工"，不能混淆二者。在中国远古历史传说与文献记载中,确实出现过"共工"其人。但神话故事中的"共工"则是人们假托历史人物虚拟的一位"神",不是历史中的"人",神话故事仅是借用其名,并且运用夸张的手法,渲染其"神奇",以广其事。

最后,必须将这个神话放在中国古代文化史上去审视,去思考。秦汉以后,特别是唐宋时期,我们极少看到表现或者涉及"共工怒触不周山"神话的诗词作品,就是李白、杜甫、欧阳修、苏轼等文化巨擘的文集中也找不到"共工触山"的任何踪影,这与"盘古开天""女娲补天"等神话大量出现在诗词作品中的情形,构成鲜明对比。这种奇特反常的文化现象,不能不引起学者的深思,其中必然蕴藏着深厚的人文思想和深刻的社会原因。

如果将"共工怒触不周山"这个神话故事放在唐宋时期的大文化背景中,特别是放在宋代理学兴盛的大背景中来思考,就不难理解唐宋时期"共工之神"的被漠视和淡化,实属必然。因为"共工触山"的后果是造成了"天倾西北""地不满东南",而"触山"的原因则是

"争帝"的失败和情绪的"愤怒"。

众所周知,"争"与"怒"都涉及个体的德行和修养,都是属于只有负面效应而无积极意义的行为表现。中国古代传统的主流文化,特别是儒家学说,倡导"谦让",尤其政权崇尚"禅让",这是避免发生战争、确保社会和平和谐与安定安宁的有效途径,所以反对"争""斗",不仅成为人们的基本共识,而且成为道德修养的重要范畴。

老子《道德经》指出"天之道,不争而善胜""水善利万物而不争""圣人之道,为而不争",将"不争"视为天道与自然的准则。与此同时,老子又强调"夫唯不争,故天下莫能与之争"。而"怒"在中国古代传统文化中,特别是在强调人的思想修养和品德涵养时,一般是被视为影响理智,必须严格控制,不能出现的行为,也是人们德行修养必须避免的重要方面。

由于"怒"是人内在情绪的外在反映,是人内心意识的大爆发,其行为表现极不理智,体现出个体自我控制力的薄弱,并由此直接影响到外界的变化,包括人群的思想情绪。"怒",既伤心伤身,又坏事败事,能够做到遇事不"怒",不仅是德性修养的体现,而且也是一种思想境界,古人往往将"制怒""止怒""息怒"作为警醒自己的格言,甚至书写悬挂于室内以强化个人修养。

作为中华文化大发展大繁荣的唐宋时期,特别是宋代作为中华文化全面繁荣的鼎盛期和创造发展儒学的巅峰期,"共工怒触不周山"神话中的"争"与"怒,自然为人们所不耻,不把这一神话作为诗词创作的重要题材,就是再正常不过的事情了。

四 文学呈现

当然,"共工怒触不周山"神话在中国古代文学作品中并非没有反映,只是与其他神话故事相比,作者审视的角度、作品创作的数量差距较大。

屈原《天问》中的"斡维焉系?天极焉加?八柱何当?东南何亏?"诗句,虽然没有说得那么明确,但是已经包含着"天倾西北""地不满东南"的意思；江淹《遂古篇》有"共工所触，不周山兮"之句，尽管只有两句，却是直接吟咏其事；唐代名相房玄龄等人合著的《晋书·成公绥传》也有"若乃共工赫怒，天柱摧折。东南俄其既倾，西北豁而中裂"的句子述其事。

《全唐诗》收录了胡曾的《咏史诗·不周山》，这是直接吟咏"共工怒触不周山"神话的诗歌作品，极为罕见：

> 共工争帝力穷秋，因此捐生触不周。
> 遂使世间多感客，至今哀怨水东流。

这首七言绝句只是感叹其事，并无褒贬之意。

北宋著名诗人梅尧臣五言古诗《饮酒呈邻几原甫》开篇即言：

> 天地不争行，日月不争明。
> 昼夜自显晦，冬春自枯荣。

夸父逐日死，共工触天倾。

二子不量力，空有千古名。

诗中的共工显然是被批评的对象，不仅共工与颛顼的"争"帝成为被指责的重点，而且"不自量"成为"千古名"的核心。

宋代豪放词派翘楚辛弃疾以如椽大笔创作的《归朝欢·题晋臣积翠岩》，可以称得上中国古代诗歌史上运用"共工怒触不周山"神话典故最为成功的杰出作品：

我笑共工缘底怒。触断峨峨天一柱。补天又笑女娲忙，却将此石投闲处。野烟荒草路。先生拄杖来看汝。倚苍苔，摩挲试问，千古几风雨。

长被儿童敲火苦。时有牛羊磨角去。霍然千丈翠岩屏，锵然一滴甘泉乳。结亭三四五。会相暖热携歌舞。细思量，古来寒士，不遇有时遇。

作者在词的开头，起笔就以反问形式调侃、讥笑和追问共工为什么发那么大的火,竟然撞断了支撑天地的不周山!致使女娲不得不"炼五色石以补苍天",忙乱之中又将其中的一块五色石遗落在此处,成为目前的"积翠岩"。由此,词人与"积翠岩"展开了对话,感叹"遇"与"不遇"的共同命运。

明代茶陵诗派代表李东阳创作的长篇古歌行《长江行》,气势磅礴,意境恢宏,其开头十句云:

> 大江西来是何年,奔流直下岷山巅。
> 长风一万里,吹破鸿蒙天。
> 天开地辟万物苗,五岳四渎皆森然。
> 帝遣长江作南渎,直与天地相周旋。
> 是时共工怒触天柱折,遂使后土东南偏。

作者从描绘由西向东滚滚流奔而来的长江开始,运用"是时共工怒触天柱折,遂使后土东南偏"解释长江东流的现象与原因,意境生动深沉,文化品位高雅浓重。

明代大学士李廷机《鉴略妥注》又名《五字鉴》,其

《三皇纪》中将"共工怒触不周山"作为历史故事纳入书内：

> 祝融共工氏，交兵相战争。
> 共工不胜怒，头触周山崩。
> 上惊天柱折，下震地维穿。

这种做法虽然不够严谨，但在客观上扩大了神话的流传与影响。清代张宜明的《三字鉴》则在此基础上之上，让这个神话故事更加易于传播：

> 共工氏，战未捷，触不周，天柱折。

捌 牛郎织女会天河：「爱情」与「真情」的心灵呼唤

"牛郎织女"神话是深受人们喜欢的爱情"神话"。这个由中华民族集体创造的神话，虽然没有一个固定和公认的文字版本，却通过多种形式完整地演绎了自然宇宙中的两颗星辰如何由"星辰"变"星神"，由"星神"成"仙人"，由"仙人"到"凡人"，又由"凡人"返"神人"，再由"神人"变"星辰"的过程。神话既成功塑造了"织女"与"牛郎"栩栩如生、亲切生动的艺术形象，传达和表现了异性之间普遍存在的真挚爱情，呈现出深厚的人性化色彩和浓郁的人情味，又创造了"天上"与"人间"阔大而神奇的意境，内在机理、历史线索与形成过程十分清晰,体现着中华农耕文化的鲜明特征。

一 从"星辰"到"星神":牵牛星与织女星的命名

好奇、猎奇、传奇,是人类与生俱来的普遍心理,远古先民对宇宙自然和生存环境中一切能够看到的景物,都充满兴趣,从而进行细致地观察和思考。"日出而作,日入而息"的生活节奏,让人们在夜晚有着充足的时间关注天空景象。经过长期的观察,人们开始逐步认识天空星象的格局变化、星体的明暗位置与运行规律,并以此为基础,逐渐发现星星与地面景物的关联,以及这种关联同人们生活之间的关系。

特别是那些与人们生活密切相关的标志性星象,更容易引起人们的格外关注。除了最为人们熟悉的太阳、月亮之外,诸如二十八星宿、北斗星、启明星等都引起了人们的普遍关注。人们发现,这些星辰给人们的生存生产和生活以很多帮助,带来极大方便,由此形成了"星辰崇拜",并不断赋予它们以生动的故事与深刻的内涵。"牵牛星"与"织女星"的被发现、被命名与被"神"化,无疑是人们"星辰崇拜"的典型案例,生动地体现出人类认识世界与文化创造的历史过程。

牵牛星与织女星,在中国远古时代,是夏末秋初夜空中亮度高、较显眼的两颗明星。这两颗明亮的星星与另外一颗被称为"天津四"的明星,共同构成夜间天空的直角三角形——"夏季大三角"。牵牛星又称牛郎星,与处于直角顶点的织女星遥遥相对,中间隔着灿烂群星组成的宽阔"银河"。

最上端的织女星位于牵牛星的西北方,而牵牛星位于织女星的下端东南方。在中华民族古代传统文化中,北方为"水",属于"阴",象征着女性;南方为"火",属于"阳",象征着男性;织女星坐北而朝南,暗含着帝王一样的尊贵身份与统治地位,这里不无女系氏族社会元素遗留的痕迹。

以星纪时,根据星辰位置的变化来标记季节和时日,成为天文学里的基本原则,更是古代制定历法的重要依据。《尚书》开篇的《尧典》记载:当时的部落最高首领尧命令羲和根据日月星辰的运行变化制定历法,颁布天下,让老百姓根据历法适时耕种和收获,安排生产与生活,即所谓"历象日月星辰,敬授民时"。

将地面上人们熟知和常见的典型季节物候景象,与天空中最容易看到的星辰位置结合在一起,来命名星辰,帮助人们记忆,方便人们生活,这是天文学家和历法制定者最常用的方法。《尚书·尧典》中记载制定历法的办法,就是根据太阳在天空中运行的变化情况,结合动物在不同季节的生活状况和变化规律(如鸟兽在春天雌雄交配,夏天羽毛稀少,秋天又长出新的羽翎或绒毛,冬天羽毛最为丰满、厚实和漂亮),将一年划分为春、夏、秋、冬四个季节,即所谓"定四时成岁"。

"牛郎星"与"织女星"的命名也遵循了这样的法则。"牛郎星"其实是民间的通俗说法,正式的规范学名叫"牵牛星"。杜甫《牵牛织女》诗就不用"牛郎"而称"牵牛",苏轼《渔家傲·七夕》"皎皎牵牛河汉女"也是用"牵牛",由此可见文化名家诗歌创作措词谨严的风格。

星星为什么以"牵牛"命名呢?这源于生长在田野地面上的牵牛花。这种花的藤蔓纤细,像长长的绳子一样缠绕和附着在木本植物上,花朵呈喇叭状,因此,有的地方称作"喇叭花"。牵牛花一般是在夏季和秋天开花,品种很多,田园野外,随处可见,它的生命力十分旺盛。牵牛花的开花时期,恰好与"夏季大三角"中右下面南方位置的一颗星辰相一致,所以成为夏末秋初的重要"物候",被人们用来标识牵牛星。这样的命名既形象又便于记忆,且与上方的织女星遥遥相对,给人们以演绎和想象的空间。

众所周知,在以农耕文明著称的中国古代,牛是重要的劳力资源,帮助人们在田间耕作。耕牛同男性有着极为亲密的依存关系,既一起劳作,相互为友为伴,又接受着男性农民的照料与呵护,所以牵牛星被人们亲切地称为"牛郎星"。

北宋著名画家文与可创作的五言绝句《千叶鼓子

花》云：

柔条长百尺，秀萼包千叶。
不惜作高架，为君相引接。

鼓子花即牵牛花。南宋文学家危稹笔下的七言绝句《牵牛花》曰：

青青柔蔓绕修篁，刷翠成花著处芳。
应是折从河鼓手，天孙斜插鬓云香。

作者不仅描绘了牵牛花青绿色的"柔蔓"缠绕着青翠欲滴的竹林，花朵飘散着芳香，而且想象七夕时，牛郎将会亲手采摘，在鹊桥相会时，把牵牛花斜插在"天孙"织女耳边的鬓云旁。全诗虽然只有四句，却以奇特新颖的想象，创造了温馨浪漫、令人陶醉的优美意境。

织女星以"织女"命名，实际上是源于地面上的昆虫"促织"。促织就是人们熟知的蟋蟀，中国俗称"蛐蛐"。这是一种遍布全世界的小昆虫，中国尤其普遍。蟋蟀产出的卵，越冬后到夏天孵化为"若虫"，经过六次蜕变，大约到初秋时节羽化为成虫小蟋蟀，开始发出"唧唧"的鸣叫声。由此，蟋蟀成为夏末秋初季节的又一重要"物候"。《木兰诗》的开头："唧唧复唧唧，木兰当户织。不闻机杼声，唯闻女叹息"，就是用蟋蟀的鸣叫声，引出花木兰在织布机上"叹息"的情景。蟋蟀被称为"促织"，既彰显名称的文雅，又紧密地与"织"字联系。中国是以盛产丝绸而闻名世界的文明古国，而中国女性是丝绸生产（织锦）的主要承担者。于是，"织"与"女"自然地联结在了一起，成为固定的汉语词"织女"，用来称呼从事这一行业的女性。由此，用"织女"来命名"夏季大三角"直角顶端的星辰，就是顺理成章的事了。宋代著名诗人梅尧臣创作的《促织》，就是专门描写蟋蟀鸣叫声伴随织布机梭声的情景：

札札草间鸣，促促机上声。
织女夜中起，明河檐外横。

> 一丝不入杼,疏密工未精。
>
> 岂知天孙巧,衣脱六铢轻。
>
> 人间唯贵重,暗虫休催成。

"札札"两句写蟋蟀在室外的草丛里鸣叫,而屋内传出织布时机梭交集的劳作声,此情此景,好像是蟋蟀在催促室内的女主人加快速度。"织女"两句通过描述天空半夜景象突出女主人的辛勤,"一丝"两句写织绢的不容易,而"岂知"两句称赞织女如同天上的仙女"天孙"那样聪明灵巧,织出来的丝绢质量很高,重量很轻。古代二十四铢为一两,一两合现在的十五克左右,"六铢"乃极言其轻。结尾两句以议论的形式,劝说蟋蟀不要再催促女主人了,由此回扣题目。全诗围绕"促织"的字面意思与名称内涵逐步展开,既是咏事,又是咏物,趣味浓厚,意境深沉,耐人寻味。

苏轼创作的五言绝句《促织》云:

> 月丛号耿耿,露叶泣溥溥。

夜长不自暖，那忧公子寒。

此诗前两句描写月下挂着露水珠的草丛里，传出了蟋蟀的阵阵叫声，好像是在催促织作的女主人。可是蟋蟀哪里知道织女的艰辛，她自己穿的衣服都不暖和，却记挂着在外游子的冷暖。诗中赞美了主人公的勤劳与善良，创造了一幅充满意趣、情趣与谐趣的"夜织图"。

总之，"牛郎织女"神话源于自然宇宙夜空中的天文星象，始于标志夏末秋初时令节点的两颗星辰，以及这个时令的典型物候——植物"牵牛花"与昆虫"促织"。由于用"牵牛"与"促织"命名双星，人们便以汉字字形、字义、字音为基础，变"牵牛星"为"牛郎"，变"促织星"为"织女"，经过长期的族群想象和口耳相传，内容不断丰富，形成具有深刻人文内涵的神话故事，并由此演绎出牵牛星和促织星"神"化与"人"化的曲折爱情。该神话故事的大致情节一般是："织女"与"牛郎"结为夫妻，男耕女织，体验人世间的幸福生活。但由于违背天庭规定，受到责罚，他们迭经艰难，却矢志不渝,最后天帝允许他们每年七月七日在银河的鹊桥相会。

显然,"织女"是故事的主角,也是故事表现的核心人物。她既是天上的"神",又是"天"的孙女——"天孙",即天神最高统治者玉皇大帝的孙女。这种非同一般的特殊身份,就连自称"究天人之际,通古今之变"的司马迁,也在《史记·天官书》中予以认同:"织女,天女孙也。"由此可见故事的影响之深。相对于"织女"而言,"牛郎"是故事的第二角色,被人们塑造成一位纯朴善良、勤劳勇敢、执着爱情的农村青年。"牛郎"与"织女"在本质上都是普通劳动者,更容易引起广大百姓的情感共鸣。而在"牛郎织女"神话中,"牛郎"与"织女"都是"神"。

二 先秦汉魏南北朝的"牛郎织女"神话

"牛郎织女"神话,起源于远古时期人们对天文现象的细致观察和创造性想象，在先秦汉魏南北朝时期的各种文化形态中，都留下了这个神话的痕迹与线索。

人类文化的发生与存在有三大基本形态：一是传说，二是器物，三是文献。"牛郎织女"神话很可能在没有文字之前就已经口头流传。目前可以判定的是，"牛郎织女"神话的肇端，与天文观察的星纪历法密切相关，故事的酝酿与"双星"的命名紧密相联，内容的演绎和丰富直接源于民间传说。这些传说，在发明文字之后，被逐渐记载和保存下来，然后以文字、文学、文化等多种方式和形态，广泛传播。

先秦时期的人们，已经开始由星辰的名字演绎故事。《诗经·小雅·谷风之什》有句云：

> 维天有汉，监亦有光。
> 跂彼织女，终日七襄。
> 虽则七襄，不成报章。
> 睆彼牵牛，不以服箱。

诗句意思是说天上的织女星织不出绢帛，而牵牛星也不能拉着车箱运载东西。这里面的"牵牛""织女"仅仅作为星辰的名称，并不存在牛郎织女相爱的意思，但是已经为后世故事的演绎做好了铺垫。

至汉魏时期，开始出现不少关于牛郎织女为夫妻的文字记载。西汉刘安《淮南子》说"七夕，乌鹊填河成桥，以渡织女"，意思是说，每年七月七日晚上，喜鹊都飞到天上去银河搭建桥梁，让织女渡过天桥与牛郎相会。东汉应劭《风俗通》承袭了这种说法而又略有发挥演绎，称"织女七夕当渡河，使鹊为桥。相传七日鹊首无故皆髡，因以梁以渡织女故也"，意思是说每年七月七日这天，是牛郎织女渡过银河见面相会的日子，喜鹊全都到天上去搭建桥梁，喜鹊头上的毛都踩没了。东汉后期民间流传的《古诗十九首》，其中已经出现了专门吟咏"牛郎织女"神话的篇章：

迢迢牵牛星，皎皎河汉女。
纤纤擢素手，札札弄机杼。

终日不成章，泣涕零如雨。

河汉清且浅，相去复几许。

盈盈一水间，脉脉不得语。

开头两句点明"牛郎""织女"都是天空银河星系里的星辰这一神话本事，诗中的"河汉女"就是"织女"，她成为诗中表现的重点与核心。"纤纤"四句描述织女美丽与勤劳，特别突出了对丈夫牛郎的深深思念之情。结尾"河汉"四句以议论方式表达了对牛郎织女的同情。全诗已经呈现出星"神"的人格化趋向。

魏文帝曹丕创作的《燕歌行二首·其一》结尾四句云：

明月皎皎照我床，星汉西流夜未央。
牵牛织女遥相望，尔独何辜限河梁？

运用拟人化手法，把"牵牛星"与"织女星"视为银河相隔并深情遥望的恋人，且直接以对话的方式，询问造成这种"限河梁"状态的原因。"才高八斗"的曹植骚体诗《九咏》句云:"目牵牛兮眺织女""交有际兮会有期",已经将牛郎织女的定期相会作为典故使用在作品中。

南朝刘宋著名文学家谢惠连创作的《七月七日夜咏牛女诗》,是中国古代诗歌史上第一首专门描述牛郎织女七夕相会完整情景的作品:

> 落日隐櫩楹,升月照帘栊。
> 团团满叶露,析析振条风。
> 蹀足循广除,瞬目瞩曾穹。
> 云汉有灵匹,弥年阙相从。
> 遐川阻昵爱,修渚旷清容。
> 弄杼不成藻,耸辔骛前踪。
> 昔离秋已两,今聚夕无双。
> 倾河易回斡,欸情难久悰。
> 沃若灵驾旋,寂寥云幄空。
> 留情顾华寝,遥心逐奔龙。

> 沉吟为尔感,情深意弥重。

作者通过对牛郎织女这对"灵匹"相聚相会不易的描写,对他们"情深意弥重"表示了由衷的赞美。全诗意境优美,典雅凝重,韵味悠长,代表了当时吟咏"牛郎织女"神话之诗歌创作的最高水平。唐朝李善《文选注》引南朝梁吴均《续齐谐记》说牛郎织女的故事如下:

> 桂杨城武丁,有仙道,常在人间。忽谓其弟曰:"七月七日织女渡河,诸仙悉还宫,吾向以被召,不得停,与尔别矣。"弟问:"织女何事渡河?兄何当还?"答曰:"织女暂诣牵牛;吾去后三千年当还耳。"明旦,失武丁所在。世人至今犹云"七月七日,织女嫁牵牛"。

这段文字记载的演绎经常被引用,特别是"七月七日,织女嫁牵牛"一说,明确而有新意。

《苕溪渔隐丛话·前集》卷十一引南北朝梁宗懔《荆

楚岁时记》云:"七夕,河汉间奕奕有光景,以此为候,是牛女相过也。"南朝陈江总《宛转歌》有云:

> 七夕天河白露明,八月涛水秋风惊。
> 楼中恒闻哀响曲,塘上复有辛苦行。
> 不解何意悲秋气,直置无秋悲自生。
> 不怨前阶促织鸣,偏愁便路捣衣声。

以上这些作品与文献都说明,"牛郎织女"神话在汉魏南北朝时期已经成为文人广为流传的故事。

三 唐诗里的"牛郎织女"神话

隋唐五代是中华民族文化大发展、文学艺术大繁荣的重要历史时期。以陆地、草原和海洋等多渠道展开的丝绸之路为代表,不仅空前拓展了世界经贸、文化、艺术的交流与开放,而且多层次、多侧面、多形式地影响着人们的思维方式与心理意识。由此，"牛郎织女"神话在前代创造的基础上，展现出全新的思想面貌与艺术境界。一方面，"牛郎织女"神话成为文人诗歌创作的重要题材而涌现出大批量作品，人们继续丰富着故事的内容与情节；另一方面，人们又运用现实客观逻辑思维的方式，在考问故事真实性的同时，深化着故事的人文内涵。所有这些，都在诗歌创作中得到充分体现。

唐代魏徵等撰写的《隋书》卷十五《音乐志》里，记载了隋代"造新声"的情况，创制的诸多乐曲中就有《七夕相逢乐》，可见"牛郎织女"神话已经广泛流传且影响深广。唐代的陆敬与沈叔安都创作了《七夕赋咏成篇》的同题七律诗。陆敬诗云：

凤驾鸣鸾启阊阖，霓裳遥裔俨天津。
五明霜纨开羽扇，百和香车动画轮。
婉娈夜分能几许，靓妆冶服为谁新。
片时欢娱自有极，已复长望隔年人。

作品着力描绘七夕"鹊桥相会"前，"天津"仙女出行的豪华气派与精心打扮，以此表现织女真挚的爱情与真切的期盼，进而议论相会的珍贵与遗憾，表达作者对织女的理解和同情。诗的语言典雅瑰丽，意境阔大深沉。沈叔安诗云：

> 皎皎宵月丽秋光，耿耿天津横复长。
> 停梭且复留残纬，拂镜及早更新妆。
> 彩凤齐驾初成辇，雕鹊填河已作梁。
> 虽喜得同今夜枕，还愁重空明日床。

作者从描绘七夕夜空景象开始，继以织女停机梳妆与渡河相会，而以"虽喜"一夜"同枕"，"还愁"分离之后又要重复孤独寂寞的生活结尾，将鹊桥相会的欣喜与分别以后的忧愁交集一起，表现织女的复杂心理情绪，细腻平实，富有新意。两首诗虽然题目一样，但是角度各有不同。

宋之问五言律诗《七夕》曰：

> 传道仙星媛，年年会水隅。
>
> 停梭借蟋蟀，留巧付蜘蛛。
>
> 去昼从云请，归轮伫日输。
>
> 莫言相见阔，天上日应殊。

诗人从牛郎织女相会的神话传说写起，而以议论"相见"的稀少与人间的不同结束，突出强调七夕相会的特别处在于"天上日应殊"，表达对牛郎织女爱情的艳羡与肯定，格调欢快，意境优美。

孟浩然《他乡七夕》诗曰：

> 他乡逢七夕，旅馆益羁愁。
>
> 不见穿针妇，空怀故国楼。
>
> 绪风初减热，新月始临秋。
>
> 谁忍窥河汉，迢迢问斗牛。

这已经由原来吟咏牛郎织女鹊桥相会的本事，转变为感叹诗人自身,通过与牛郎织女相会的鲜明对比,表达自己对妻子的思念,作品的表现主体已经发生重大改变,鹊桥相会成为诗中的典故和艺术表现手法而存在。

韦应物《七夕》写到:

> 人世拘形迹,别去间山川。
> 岂意灵仙偶,相望亦弥年。
> 夕衣清露湿,晨驾秋风前。
> 临欢定不住,当为何所牵。

诗歌从"人世"与"灵仙"对比的角度议论,评说"人""神"分别的普遍性,赋予作品以哲思高度,达到平衡人世间亲人分离时心理情绪的安抚与劝慰效果。

杜甫创作的五言古诗《牵牛织女》,是中国古代诗歌发展史上第一首以"牵牛织女"为题目的诗歌:

> 牵牛出河西,织女处其东。
> 万古永相望,七夕谁见同。

神光意难候，此事终蒙胧。

飒然精灵合，何必秋遂通。

亭亭新妆立，龙驾具曾空。

世人亦为尔，祈请走儿童。

称家随丰俭，白屋达公宫。

膳夫翊堂殿，鸣玉凄房栊。

曝衣遍天下，曳月扬微风。

蛛丝小人态，曲缀瓜果中。

初筵裛重露，日出甘所终。

嗟汝未嫁女，秉心郁忡忡。

防身动如律，竭力机杼中。

虽无姑舅事，敢昧织作功。

明明君臣契，咫尺或未容。

义无弃礼法，恩始夫妇恭。

小大有佳期，戒之在至公。

方圆苟龃龉，丈夫多英雄。

全诗围绕"牵牛织女"神话展开，分为追溯由来、七夕景象、现实意义三大层次。第一层"牵牛出河西"八句写"七夕"由来。作者从夜空中"牵牛星""织女星"的位置格局与分布特点写起，突出双星位置相隔遥远、亘古不变的客观情形，指出没有人见过"双星"运行到一起的情况，由此否定了"牵牛""织女"七夕相会的传说，含蓄地表明了星辰的"神"化与故事的虚拟性。宋代朱熹认为，牛郎织女七夕相会，"世俗多为所惑"，而杜甫"力辟其诬"。与此同时，作者又进一步指出，"牵牛""织女"都是天上的星辰，也是天上的"神灵"，双星发出明亮灿烂的"神光"，让人难以琢磨其中包含的意思，所以牛郎织女相会的故事更显得蒙胧神秘。诗人不无疑问地指出，双星既然是"神"，随时可以"精灵"相合，为什么非要等到初秋七夕时节呢？尽管如此，人们还是约定俗成地遵循着以往的做法，认真做着各种各样的准备，迎接七夕节日的到来。

第二层"亭亭新妆立"十四句，写七夕节日盛况。作者从不同方面描述"天上"与"人间"喜迎七夕、精心准备与夜晚乞巧的情形。"亭亭新妆立，龙驾具曾空"

总写织女精心打扮与天庭众神庆贺的盛况；"世人亦为尔，祈请走儿童"概写人世间庆贺七夕妇孺奔走、儿童乞巧、广泛参与的情景。"称家"八句重点描述人们在七月七日白天的精心准备情况，无论穷人富人，也无论官员百姓，都做着这一天必须做的事情。或准备节日的膳食，或演练音乐歌曲，或曝晒衣被图书，或摆放夜间乞巧的瓜果，呈现出一派喜庆的景象。"初筵裛重露，日出甘所终"两句，交待七夕之夜，人们通宵达旦，直到日出方才结束。

第三层"嗟汝未嫁女"十四句，写社会意义。作者选取了七夕活动中最为活跃的"未嫁女"作为议论的焦点对象，既与织女的女性身份相一致，又突出其七夕乞巧的主要角色，为下面的议论作好铺垫。诗人认为那些乞巧的"未嫁女"，不必为乞巧的结果和以后的生活道路而发愁，重要的是必须"防身动如律，竭力机杼中"，遵守礼法规矩，练好纺织功夫，既不为"鹊桥相会"的荒诞故事所干扰，又不能在实际生活中做讨巧、乞巧的事情，勤劳扎实，安分守己，才是"未嫁女"的正道。清人仇兆鳌《杜诗详注》解释这段诗意云：

> 因织女而及夫妇，见人情不可苟合。女子待嫁，未免忧心忡忡，但以礼律身，唯勤事织作而已。盖夫妇之道，通于君臣，臣一失节，则君将不容矣。妇一失身，则夫将见绝矣。故知大而仕进，小而婚配，皆当出于至公也。牛女渡河，说既荒唐，旧俗乞巧，显涉私情，故以夫妇人伦之道讽谕世人。

所见极是。明代张綖认为，这一层是杜甫对《易》经"物不可以苟合"的诠释发挥，是"借牛郎织女并无私会之事，以兴男女无苟合之道。又因男女无苟合之道，以比君臣无苟合之义。"张綖还说：

> 盖合必以礼者，女之佳期。进必以正者，士之佳期。如或不在至公，恐英雄丈夫，必不以不令之女而为妇。刚明正大之主，又岂以不令之士而为臣哉。是诗，触类旁通，高古严正，可见古作诗者之意。

所谓"大道之行也,天下为公",如果不是"至公",即便是英雄丈夫,也必定不会娶"不令之女"为妻。刚明正大之主,不会以不令之士而为臣。因此,这首诗触类旁通,高古严正,可见作者的匠心与深意。

纵观全诗,其表现的重点并不在于神话故事本身,而是把着力点放在了"人世间",表现"人"的生活情景与心理意识,意境生动鲜活,而寓意深刻厚重,体现了杜甫关切民生、关注社会、关心现实的特点,成为吟咏"牛郎织女"神话最为经典的名篇。

白居易《七夕》诗云:

> 烟霄微月澹长空,银汉秋期万古同。
> 几许欢情与离恨,年年并在此宵中。

此诗以极其凝练简洁的语言,描述牵牛织女七夕相会的阔大景象,表现"欢情""离恨"交集于"此宵"的深沉意境,通俗平实,意味无穷。

杜牧《七夕》云：

云阶月地一相过，未抵经年别恨多。
最恨明朝洗车雨，不教回脚渡天河。

以比喻和夸张的艺术手法，极写牛郎织女去年七夕相会的"别恨"之多，超过了"云阶月地"的宇宙空间，而今年的七夕相会还将那样短暂，不仅不能停留，而且还要再隔一年才能相会。诗中充满了同情与理解。

李商隐《七夕偶题》云：

宝婺摇珠佩，常娥照玉轮。
灵归天上匹，巧遗世间人。
花果香千户，笙竽滥四邻。
明朝晒犊鼻，方信阮家贫。

前四句写七夕之日天上仙女"宝婺""常娥"的美丽服饰打扮，她们的神灵气质全都是天生就有的，她们也把自己的灵"巧"和智慧赠给人世间。于是，七夕之时，家家户户摆上各种各样的鲜花和供果，焚香礼拜，祷告乞巧，四邻八舍都飘荡着笙竽演奏的美妙音乐，就是阮咸这样的雅士，也难以免俗，参与到七夕节中。诗人充分发挥了善于用典的特长，创造出祥和的意境。

温庭筠《七夕》诗全以人间景象描绘天上仙境：

> 鸣机札札停金梭，芙蓉澹荡生池波。
> 神轩红粉陈香罗，凤低蝉薄愁双蛾。
> 微光奕奕凌天河，鸾咽鹤唳飘飘歌。
> 弯桥销尽愁奈何，天气骀荡云陂陀。
> 平明花木有秋意，露湿彩盘蛛网多。

诗中描绘风景秀雅、生活情趣浓厚的"天上人间"图画，充满浪漫美好的气息。

总之，隋唐五代时期有关"牛郎织女"神话的诗词，紧紧围绕神话故事本身的内容，特别是与七夕的"乞巧"活动结合在一起，创造出与前代大不相同的新境界。

四 宋词里的"牛郎织女"神话

宋代是中国文化的重要创新期与繁荣鼎盛期,哲学、文学、艺术等诸多领域都取得了辉煌成就而备受世人注目,故著名历史学家陈寅恪认为"华夏民族之文化,历数千年之演进,而造极于赵宋之世"。宋元时期的中国神话也呈现出新面貌、新境界,诗词中的"牛郎织女"神话,不仅实现了由"星"到"神"、由"神"到"人"的转变,体现出更浓的人情味、人性化与民俗性,而且全面进入文人的创作视野,关于"牛郎织女"神话的诗词作品数量激增,特别是在词曲中的表现更为精彩,以"七夕"为题目的作品在在皆是。

北宋婉约词派的重要代表张先,以"七夕"为题目,创作了两首《菩萨蛮》,其第一首云:

牛星织女年年别,分明不及人间物。匹鸟少孤飞,断沙犹并栖。

  洗车昏雨过,缺月云中堕。斜汉晓依依,暗萤还促机。

作者并没有正面描述牛郎织女七夕相会的情景,而是将天上神仙的七夕相会,与人间鹊鸟的从不分离作对比,以"匹鸟少孤飞,断沙犹并栖"突出注重人间现实生活的观念,指出了牛郎织女"离多会少"的不自由、不幸福。其第二首为:

  双针竞引双丝缕,家家尽道迎牛女。不见渡河时,空闻乌鹊飞。

  西南低片月,应恐云梳发。寄语问星津,谁为得巧人?

作者将民间七夕的"乞巧"风俗,作为表现的重要内容。上片是说,七夕之夜看到的只是女孩子们"双针竞引双丝缕"的"乞巧"情景,却看不到牛郎织女"渡河时"

的情景。下片是说,弯弯的月牙就要落下去了,有谁得到了织女惠赐的"巧"呢?两首词一写七夕相会,一写七夕乞巧,构成了"组词"的形式,相对于前人将天上鹊桥相会与人间乞巧融于一体的写法,无疑也是一种创新表现。

欧阳修以"牛郎织女"神话为题材,精心创作了三首《渔家傲》:

其一

喜鹊填河仙浪浅,云軿早在星桥畔。街鼓黄昏霞尾暗,炎光敛。金钩侧倒天西面。

一别经年今始见,新欢往恨知何限。天上佳期贪眷恋,良宵短。人间不合催银箭。

其二

乞巧楼头云幔卷。浮花催洗严妆面。花上蛛丝寻得遍。擎笑浅。双眸望月牵红线。

奕奕天河光不断。有人正在长生殿。暗付金钗清夜半,千秋愿。年年此会长相见。

其三

别恨长长欢计短。疏钟促漏真堪怨。此会此情都未半。星初转。鸾琴凤乐匆匆卷。

河鼓无言西北盼。香蛾有恨东南远。脉脉横波珠泪满,归心乱。离肠便逐星桥断。

第一首写天上鹊桥相会。上片写景,重点描绘鹊桥相会的天空景象;下片抒情,重在议论牛郎织女相会"新欢往恨"的艰难与珍贵,而以人世间"良宵苦短"结尾,表达理解与同情。第二首写人间乞巧。上片写景着眼于地面景象,突出"乞巧"人的"严妆""寻丝""望月";下片抒情借天空景象与唐明皇杨贵妃故事,表现牛郎织女鹊桥相会的缠绵,而以"年年此会长相见"的美好祝愿收尾。第三首以议论的形式,评说牛郎织女七夕相会"恨长""欢短",牛郎"河鼓"与织女"香蛾"又被迫分离,各居"西北""东南","离肠"与"星桥"同断。三首词既各有侧重，独立成章，又相互配合，成为一个具有完整性、系统性的艺术体。作者以空间变化为结构全篇的线索，主题清晰明确，意境恢宏阔大，既有神话的环境氛围，又有人间的细腻情感。

苏轼也以"七夕"为题，创作了多首关于"牛郎织女"神话题材的词，如《渔家傲·七夕》：

> 皎皎牵牛河汉女，盈盈临水无由语。望断碧云空日暮，无寻处。梦回芳草生春浦。
>
> 鸟散余花纷似雨，汀洲蘋老香风度。明月多情来照户，但揽取。清光长送人归去。

作品紧扣"牛郎织女"神话故事展开。上片着眼于夜空，描绘牵牛星与织女星隔河相望的情景，"盈盈临水无由语"，只有七夕晚上才"梦回""春浦"。下片立足于地面，描述鹊桥相会"鸟散"之后的离别情景，"余花似雨""汀洲蘋老"都是秋初景象，"明月多情""送人归去"既是写牛郎织女，也是写人间百姓。全词构思新颖，融情于景，意象瑰丽，格调稳雅老重。苏子另一首《鹊桥仙·七夕》别开生面，改变了开门见山的写法，而采用迂回对比的方式：

缑山仙子，高情云渺，不学痴牛騃女。凤箫声断月明中，举手谢、时人欲去。

客槎曾犯，银河微浪，尚带天风海雨。相逢一醉是前缘，风雨散、飘然何处。

作者在词的上片，借用《列仙传》东周太子王子乔"七夕"于"缑山"骑鹤升天、飘然登仙的故事，与牛郎织女鹊桥相会作对比，称赞王子乔不受世俗约束，追求仙道的"高情云渺"，于凤箫声中辞谢世人，得道成仙，飞升而去。他不像牛郎织女那样痴傻，执着于爱情。下片采用晋代张华《博物志》中典故，即"海渚"之人乘坐"浮槎"历经"十余月"后，竟然在无意之间到达了天上的银河，且"遥望宫中多织妇，见一丈夫牵牛渚次饮之"。词以"相逢一醉是前缘"作为收尾，意谓乘木筏至

天河遇牛郎织女乃是一种"缘分"。全词构思奇特,意象典雅,奇缘缥缈,有尘外之致。苏轼还有《菩萨蛮·七夕》写到:

　　风回仙驭云开扇,更阑月堕星河转。枕上梦魂惊,晓檐疏雨零。
　　相逢虽草草,长共天难老。终不羡人间,人间日似年。

作者认为牛郎织女相会时间虽然很短,但"长共天难老",爱情真挚长久,与天共存,而人间即使长在一起,却因生活艰难,度日如年,传达出对民生的关切与同情,内含深刻的思想性。其《鹊桥仙·七夕和苏坚韵》也用张华《博物志》故事开端:

　　乘槎归去,成都何在,万里江沱汉漾。与君各赋一篇诗,留织女、鸳鸯机上。
　　还将旧曲,重赓新韵,须信吾侪天放。人生何处不儿嬉,看乞巧、朱楼彩舫。

词以七夕乞巧收束,回扣题目,落脚于现实,给人无限启迪。

由以上四首词作,可以看到,苏轼吟咏牛郎织女的词,文化底蕴丰厚,境界视野雄阔,艺术表现新奇,具有很强的创新性和深刻的思想性。

黄庭坚也曾以牛郎织女七夕相会为题材创作了两首《鹊桥仙》,但黄庭坚已经不再把"鹊桥会"本身作为表现的重点,而是转向抒写个人怀抱。第一首是与苏轼唱和的《鹊桥仙·次东坡七夕韵》:

> 八年不见,清都绛阙。望河汉、溶溶漾漾。年年牛女恨风波,拚此事、人间天上。
> 野麋丰草,江鸥远水,老去惟便疏放。百钱端欲问君平,早晚具、归田小舫。

元祐党争,苏轼及其门生均被贬出京城,至黄庭坚创作此词,已经时隔八年。作者创作此篇,是借牛郎织女七夕相会作对比,写自己离开京城后,八年未见恩师苏轼的痛苦与思念。上片以议论写景,突出"人间"与"天上"的巨大差别,"河汉"虽然"溶溶漾漾",隔绝两岸,而牛郎织女还能有一年一度的七夕相会,自己与恩师却八年未见面,思念之深,可以想见。下片抒情,表达远离官场、归隐田园、回归自然、颐养天年的想法,既是安慰恩师,又是诉说心愿。全篇创造出深沉的意境,感人至深。

黄庭坚的另一首《鹊桥仙·席上赋七夕》则从苏轼词"不学痴牛騃女"发挥,同样抒发远离官场的想法:

朱楼彩舫,浮瓜沉李,报答风光有处。一年尊酒暂时同,别泪作、人间晓雨。

鸳鸯机综,能令侬巧,也待乘槎仙去。若逢海上白头翁,共一访、痴牛騃女。

上片写景,重在表现人间"朱楼彩舫,浮瓜沈李"的七夕乞巧，以及天上牛郎织女离别的痛苦；下片抒情，写即使得到织女惠赐的"巧"技，也不如张华《博物志》中那位乘坐木筏到达天庭的仙人自由自在，可以去共同访问牛郎织女，借用典故婉转表达了辞官归隐的志向。以上两首词作，其实思想格调与艺术手法都大体一致，不是正面描述"牛郎织女"神话本事，而借七夕表达词人的意愿。

宋代婉约词派的杰出代表秦观创作的《鹊桥仙·纤云弄巧》，是宋代"牛郎织女"神话题材诗词中影响最大、流传极广的经典名篇，充满鼓舞人心、积极向上的正能量：

> 纤云弄巧，飞星传恨，银汉迢迢暗度。金风玉露一相逢，便胜却、人间无数。
>
> 柔情似水，佳期如梦，忍顾鹊桥归路。两情若是久长时，又岂在、朝朝暮暮。

起拍三句描述七月七日夜晚天空中的景象，突出天空白云的千变万化,与织女传说巧妙地结合在一起。七夕也是民间的乞巧节,据梁代宗懔《荆楚岁时记》载:"七月七日,为牵牛织女聚会之夜","是夕,人家妇女结彩楼……陈几筵脯瓜果于庭中,以乞巧。"词人将这些深厚丰富的民族文化内涵,仅用"纤云弄巧"四个字表现出来,足见艺术腕力。"飞星传恨",是用天空中的自然景象来写织女和牛郎双方的心情,表现牛郎织女情意的深挚和相见的迫切。其下"金风"两句,以议论的形式写牛郎织女的相会,胜过人世间无数夫妻的朝夕相处。过片"柔情"三句,写牛郎织女的欢会与美妙感觉。有相逢必然有分别。欧阳修以"良宵短"表示惋惜,柳永以"年年此夜"表达愿望和祝福,苏轼说"相逢虽草草,长共天难老",遗憾中也看到了其与人间的区别。秦观则发现了爱情的真正价值和意义,"两情若是久长时,又岂在朝朝暮暮",表达了作者的独到见解,赋予鹊桥会神话传说以崭新的意义,反映了诗人对坚贞爱情的积极赞美,也表现了他对生活的积极态度。全词内容积极健康,格调轻松欢快,意境优美朴实,受到历代读者的赞扬。

另外，陈师道也以"牛郎织女"神话为题材创作了四首《菩萨蛮》，或描绘、或叙述、或议论，表达了自己的思想与见解。

南宋"中兴四大诗人"之一的范成大，也有以"牛郎织女"神话为题材的多首词作，如《南柯子·七夕》云：

> 银渚盈盈渡，金风缓缓吹。晚香浮动五云飞。月姊妒人、颦尽一弯眉。
>
> 短夜难留处，斜河欲淡时。半愁半喜是佳期。一度相逢、添得两相思。

上片描写七夕天空优美的自然景象，下片描述和议论牛郎织女鹊桥相会的恩爱缠绵与再次分离的相思之苦。意境阔大优美，格调欢快温馨。再如《鹊桥仙·七夕》曰：

> 双星良夜，耕慵织懒，应被群仙相妒。娟娟月姊满眉颦，更无奈、风姨吹雨。

> 相逢草草,争如休见,重搅别离心绪。新欢不抵旧愁多,倒添了、新愁归去。

通篇以议论和评说的方式,表现牛郎织女七夕相会"群仙相嫉"的"不幸"与"有幸",刻画"相逢草草""重搅别离心绪"的心理心情,全词反映了作者的理解与同情。

宋代豪放词派的杰出代表辛弃疾,结合山河破碎和个人身世,创作了大气磅礴、内涵丰富、格调深沉的慢词长篇《绿头鸭·七夕》,堪称"牛郎织女"神话词的压轴之作:

> 叹飘零,离多会少堪惊。又争如、天人有信,不同浮世难凭。占秋初、桂花散采,向夜久、银汉无声。凤驾催云,红帷卷月,泠泠一水会双星。素杼冷,临风休织,深诉隔年诚。飞光浅,青童语款,丹鹊桥平。
>
> 看人间、争求新巧,纷纷女伴欢迎。避灯时、彩

丝未整,拜月处、蛛网先成。谁念监州,萧条官舍,烛摇秋扇坐中庭。笑此夕、金钗无据,遗恨满蓬瀛。欹高枕,梧桐听雨,如是天明。

词的上片写天上牛郎织女七夕相会的情景。作者起笔于议论世事人情,慨叹人世间"离多会少"的动荡"飘零",让人无法预期,还不如自然宇宙运行能够做到"天人有信",正像七夕的到来一样规律有序。秋初的七夕,地面上桂花散发着清香,天空中浩瀚的银河寂静无声。牛郎织女就在这样优美的夜晚相会,织女向牛郎倾诉着一年来的孤独寂寞与思念深情。作者借用南朝梁任昉《述异记》中"青童秉烛飚飞轮之车"的神话传说,既表现牛郎"语款"的抚慰,又表达鹊桥相会时间短暂的遗憾,体现着作者对真情相会的理解与赞同。下片写人间"争求新巧"的情形与词人忧虑国事的情怀。"纷纷女伴欢迎"的"乞巧"场面,与他独自在监州"烛摇秋扇坐中庭"的情景,形成鲜明对比。作者指出,七夕鹊桥相会、人间乞巧,都是没有根据的事情,但是人世间山河破碎，社会动荡，给人们造成无限苦难的"遗恨"之重之大，不仅塞满了人间，而且还塞满了"蓬瀛"仙境。"笑此夕"六句，就是化用白居易《长恨歌》唐明皇与杨贵妃典故，以"七月七日长生殿，夜半无人私语时"与"天长地久有时尽，此恨绵绵无绝期"的含义，表达自己对国家命运局势的担忧。由此，作者将"牛郎织女"神话传说与残酷社会现实结合，表达忧虑国家和关切民生的爱国情怀，极大地提升了词作的思想境界。

再如胡铨《菩萨蛮》（银河牛女年年渡）、史浩《鹊桥仙·七夕》（金乌玉兔）、韩元吉《虞美人·七夕》（烟霄脉脉停机杼）、刘过《念奴娇·七夕》（并肩楼上）、史达祖《鹊桥仙·七夕舟中》（河深鹊冷）、刘辰翁《夜飞鹊·七夕》（何曾见飞渡）等，也都是有关"牛郎织女"神话的词作中为人称道的名篇。

应当指出，"牛郎织女"神话在宋诗中也有不错的表现，不少诗家都有吟咏的名章佳作。诸如梅尧臣《七夕》（古来传织女）、秦观《牵牛花》（银汉初移漏欲残）、张文潜《七夕歌》（人间一叶梧桐飘）、宋徽宗赵佶《宫词》

(七夕新秋玉露清)、吴芾《七夕戏成二绝·寄语天河牛女星》、汪元量《七月初七夜渡黄河》(长河界破东南天)等等，都创造了令人回味无穷的优美意境。

五 明清"牛郎织女"神话的艺术创变

宋代以后，"牛郎织女"神话一方面在传统诗词中依然保留着自己的身影，另一方面伴随戏剧小说的兴盛，以全新的面貌出现在人们的视野中，既流播于剧本小说中，又活跃在戏剧舞台上，实现了大跨度艺术形式的创新与故事内容的丰富。由此，牛郎织女从天上的神坛，回到了地上的人间，完成了"神"的"人"化过程，进入了社会现实，走进了人们的生活。

在传统诗词方面，明代开国元勋与著名文学家刘基创作的《霜叶飞·七夕》(鲤鱼风起)、诗人贝琼撰写的《辛亥七夕》(五夜天边辍凤梭)，都是为人熟知的佳作。清代著名学者与诗人朱彝尊的《七夕咏牛女二首》(浪传灵匹几千秋）、著名学者兼诗人屈大均的七言古体长诗《银河曲》（万里银河接凤城）、被称为"清词三大家"之一的纳兰性德的《塞外七夕》（白狼河北秋偏早），也都广为传颂。乾隆皇帝弘历创作的《古别离》更是神游八极，思骋万里，充满奇趣：

> 古别离。乃有天上牵牛织女星分歧。
> 至今八万六千会，后会滔滔无止期。
> 可怜一会才一日，其余无央数日何以消愁思。
> 古别离，天上犹如此。
> 人间可例推，设使无会晤，安用苦别离？
> 古别离，长吁嘻！

然而，传统诗词即便是长篇古诗，依然容量有限，无法展开丰富的想象和曲折复杂的情节。小说与戏剧的叙事方法和艺术表现则提供了更大的空间，不受束缚限制，可以自由地充分展开。由此，"牛郎织女"神话成为小说戏剧创作和表演的重要题材而备受关注。

小说戏剧方面的表现最为突出和精彩。早在"牛郎织女"神话广泛流行于文人诗词创作的宋金元时期,"牛郎织女"神话就已经进入了小说戏剧的创作视野,王国维《曲录》就收录了宋金杂剧院本《庆七夕》。明代无名氏撰写了杂剧《渡天河织女会牵牛》(失传)、传奇《鹊桥记》(失传)。最有代表性的是明代万历年间朱名世编辑撰写的四卷本《新刻全像牛郎织女传》,这是目前发现的第一部完整记述和描绘"牛郎织女"神话的中篇神话小说。作者在参考与整合先秦至宋元关于"牛郎织女"神话大量传说和文献基础上,进行了丰富的情节想象和故事创造,小说充分利用不受篇幅限制的优势,完全采取"人"的"神"化表现手法,用人世间的社会制度思维与个体行为方式,表现天上玉皇大帝的神仙世界,故事情节曲折,叙述生动细腻,赋予"牛郎织女"神话以深刻的人性化与浓厚的人情味。至清末时期,此书被无名氏改编为通俗章回小说,从第一回"通明殿玉帝宣纶旨,戏织女金童遭天谴"开始,到第十二回"天孙如愿鹊桥重会,七夕相逢留名千载"结束,共计十二章,至今流传于世。

　　清代邹山创作的传奇《双星图》，以"牛郎织女"神话故事为基础，拓展和丰富了故事情节，增添诸多神话人物，扩大了"牛郎织女"神话的影响与流传范围，增强了故事内容的思想性与现实意义。清代诗人兼画家缪谟受屈大均《银河曲》（万里银河接凤城）启发，创作了同名传奇戏剧《银河曲》演绎牛郎织女的爱情故事，受到人们的欢迎与赞扬。乾隆以后流行于宫中的《升平署月令承应戏》之《七夕承应》等牛郎织女戏已经呈现出系列化、系统性态势，内容包括"七襄报章""仕女乞巧""柳母乞巧""博望乘槎""银河鹊渡""开襟佳话""天孙送巧""双星佳会""仙社奇缘""星汉幻彩""七夕佳辰""双渡银河"等。据说慈禧太后最喜欢应节大戏《天河配》，《天河配》又称《牛郎织女》《七月七》《七夕巧配》等，内容就是演绎"牛郎织女"神话故事。

　　受明清戏剧小说影响，"牛郎织女"神话故事在近代以来迄今为止的很多区域文化中，都有不同程度的传承与弘扬，特别是形成了一批很受人们欢迎的经典戏剧，如黄梅戏《牛郎织女》、昆曲《天仙配》、山东吕剧《牛郎织女》、秦腔《天河配》等。

六 "牛郎织女"神话的人文内涵

"牛郎织女"神话的创造与形成,经历了一个漫长而悠久的历史时期。它能够盛传于世,并深受人们喜爱,其中的奥妙和关键的因素,并不在于故事的"神"与"奇",而是在于故事本身所蕴藏的深刻丰富的人文内涵,充分体现了中华文化"以人为本""天人合一""尊道贵德"的三大理念。

首先,"牛郎织女"神话充分体现着"以人为本"理念。中华民族根据"人"的历史实践与生活经验,创造了这个神话故事,虽然表达的形式与体裁属于"神话",但故事核心与主要角色是现实生活中的"人",是中国古代人们身边随处可见、十分熟悉的"牛郎"与"织女"。换而言之,是"人"创造了这个故事,体现了"人"的意识观念，反映了"人"的思想情感，满足了"人"的精神需求，从而呈现出由"人"造"神"、由"神"到"人"的循环过程，始于"人"又终于"人"，突出了"以人为核心""人是第一要素"的主导作用。

其次，"牛郎织女"神话充分体现着"天人合一"理念。故事发源于"人"对"天"的观察，特别是聚焦于人类对夜晚天空星象位置的观察。远古先贤把"夏季大三角"中最为显著的两颗明星，同地面时令"物候"的植物"牵牛花"与昆虫"促织"结合在一起，命名星辰，帮助人们记忆和区分，方便人们生活与生产。与此同时，人们还进一步综合运用汉语言发音、字形、语义、联想、指代等多方面的特点，将"牵牛星"与"促织星"拟人化为"牛郎"与"织女"，实现了"星辰"的"神"化，而且也达到了"天人合一"的理想境界。

再次，"牛郎织女"神话也充分体现着"尊道贵德"理念。"夏季大三角"中的"牵牛星"与"促织星"，标志着自然宇宙运行不可移易的规律，体现着宇宙运动的秩序性与规律性。人们在充分认识这种自然规律的同时，也充分利用和严格遵守这种规律，指导历史实践和社会生活，形成人间乃至神仙中的秩序。人类乃至神仙只能严格遵守这种秩序或规律，而不能逾越或破坏之，这有助于遵守秩序的"德"性养成。这个神话不仅包含着中国古代"男耕女织"的社会分工、"七夕乞巧"生活技能的培养等信息，还以每年一度的"鹊桥相会"，传达了夫妻之道。神话中暗含自然宇宙的"道"与"德"，也暗含人间社会的"德"与"道"，成为中华民族深厚文化底蕴的重要组成部分。

从次，"牛郎织女"神话充满了浓厚的人情味与烟火气。故事以牛郎织女为核心，"神"的特殊身份与"人"的普通生活融合为一，而"人"的丰富情感更加突出。牛郎织女的形象既亲切又朴实，这样的人物不仅出现在每一个时代，而且也生活在自己的周围身边，充分体现着中国古代重视个体家庭的优秀传统与民俗民风，体现出男耕女织社会分工的重要特征。一年一度的"鹊桥相会"，不仅暗示着相见的难得与情感的珍贵，而且传递着善良、真挚和纯朴的美好人性，倡导着家庭的和谐、和睦与和顺的良好愿望。"牛郎织女"神话蕴含着中国古代的爱情追求、生活追求和道德理想追求，却没有丝毫的说教。

最后，"牛郎织女"神话反映出文化艺术创造的基本规律。文化源于人类的历史实践，文学源于人们的生活体验。中国古代戍边卫国的重任、持久繁重的徭役，乃至频繁的经贸活动，都造成了社会生活中人们"离多会少"的情形，所以南朝江淹的《别赋》中就有"黯然销魂者，唯别而已矣"的慨叹。"牛郎织女"神话以积极的格调表现和反映了这种社会现实，贴近生活，关切民生，契合了文化艺术创作的基本规律，故能深入人心，受到历代读者的喜爱。

另外，"牛郎织女"神话体现了神话"以虚写实"的重要艺术特征。"神话"是关于"神"的故事，"神"是人们的艺术想象，并非现实中的客观存在。《诗经·小雅·大东》就指出"织女星"织不出绢帛，即"不成报章"，而"牵牛星"也不能拉车劳作，即"不以服箱"，这说明了"牛郎织女"神话的虚构性；杜甫《牵牛织女》

诗也以"万古永相望,七夕谁见同"明确指出双星相会的荒诞与虚拟;金代元好问《七夕长短言》亦用"河汉特水象,安有波浪为津航?惟鹊乃巢居,讵能上天构桥梁?"质疑其真实性。尽管"牛郎织女"神话里蕴含丰富深刻的思想内涵与人文精神,却依然如水中之月,可以临水细赏,而不能水中捞月,以实求之。虽然如此,水中之月必以天空之月为依托,则神话也必定集纳自然宇宙与社会现实元素于其中。

玖 神话里的『神圣化』与『人性化』

盘古开天辟地、女娲造人与补天、羲和御日、嫦娥奔月、羿射九日、共工怒触不周山、牛郎织女会天河……这些数千年来人们广泛流传的故事，为什么会有如此巨大而持久的内容吸引力和盛传不衰的艺术魅力？这些深受人们喜爱的故事，又是怎么样产生、形成和传播的？它们有没有共同的艺术特征与发展规律？这些故事对于人们的生存生活与人类文明的发展又有什么样的价值和意义？诸如此类的问题，可能很多读者都饶有兴趣，甚至曾经有过思考与探索。读完前面的八个故事，大家一定会有自己的判断与答案。与此同时，也不难看出,这些故事都属于人类文化形态中的同一个家族——神话。

一 神话的概念与性质

神话是什么？神话的根本性质是什么？神话的突出特点是什么样？神话的概念源于何处？这些看似人人可能都知道的问题，却未必人人都能说清楚。而只有明白这些基本的问题，才有可能正确理解和深刻认识中国古代神话的意义与价值。

其实，用最简单、最通俗的一句话来概括的话，神话就是关于"神"的"故事"，这是一个形式朴实简易，而文化含金量极高、思想内容十分丰厚的概念。但是，到目前为止，在中国古代浩如烟海的历史文献和文学作品中却检索不到"神话"这一词语。据当代学者叶舒宪的考证，神话的概念是20世纪初（1902年）由日本传入中国，学术名家章太炎最早使用"神话"这一概念分析中国上古文化。

从文化人类学、文学文体学角度看，神话是人类文化的重要表现形态，也是人类历史实践的艺术创造和思想智慧的重要载体。神话的思想内容蕴藏量、文化信息储存量都十分丰富，不仅涉及人类文明发展的历史进程，涉及人类对自然宇宙、万事万物的观察理解和认知积累，而且还涉及人类学、社会学、考古学、心理学，以及意识崇拜、宗教信仰、天文地理、生命哲学、民风民俗、历史文学等方面，文化的整体性和综合性极强。然而，长期以来，由于种种原因，这一跨学科、跨领域、跨族群的文化活化石，被冷落、被轻视乃至被遗忘，没有得到应有的重视、研究、开发和运用，一度成为学术研究的"冷门学科"。

目前，关于神话的解释，人们最为熟知的，莫过于19世纪末马克思在《〈政治经济学批判〉导言》中的经典论断："神话是远古时代的人们对其所接触的自然现象和社会现象所不自觉地幻想出来的具有艺术意味的集体的口头描述和解释。"马克思在这里指出了神话的产生时代、渊源所自、形成方式与表现形态，不仅揭示了人类神话发展的一般规律和特点，而且也为人们进一步深入研究神话提供了重要参考。

马克思的观点，是对神话基本特征和普遍规律的总结与概括，这与中国古代神话的发展实际十分契合。从逻辑上讲，中国神话的研究与思考，是伴随神话的诞生而起步，伴随神话的发展而开拓，具有鲜明的时代性，只是由于历史等的多重原因，中国古代的神话研究表现形态复杂多样，零乱而不系统。直到19世纪后期，受西方学术思潮的影响，比较神话学进入中国学者的视野，中国古代神话研究始有改观。

20世纪的一批著名学者，如梁启超、郭沫若、顾颉刚、茅盾、鲁迅、周作人、闻一多、袁珂、丁山等，都为中国古代的神话研究做出了重要贡献。郭沫若的《神话的世界》最早探讨神话与文学关系的成果，引起学界关注。顾颉刚在《与钱玄同先生论古史书》中指出，被历代人们高度赞扬歌颂的治水英雄"大禹"，并非"人"，而是"神"，且进一步推测"大约是蜥蜴之类"，这一观点震惊学界，引起人们的深入思考与激烈讨论，成为上古史研究的重要内容。正如刘宗迪《丁山的神话研究》一文所指出的那样，顾颉刚先生的观点不仅引发古史辨派的形成，而且也标志着中国现代神话学的正式诞生。

清华大学著名学者闻一多撰写了学术专著《神话与诗》，全书以神话学与文化人类学为理论基础，将中国古代神话作为切入点和着眼点，结合中国传统的训诂学，深入考察中国古代文化和诗歌的发展，提出了一系列令人耳目一新的独到见解。著名历史学家和古文字学家丁山著有《中国古代宗教与神话考》，其《古代神话与民族》一书的研究侧重于史学研究，运用比较语言学的方法，在神话故事学研究、民族宗教学研究诸方面均有所创获。

毕生致力于中国神话研究的泰斗袁珂先生，提出并论证了"广义神话"的概念，突破了"远古时代"的界限，扩展了神话学研究的视野和领域。他早在1947年就出版了《龙门神话集》，1950年又出版了中国第一部系统研究神话的专著《中国古代神话》，后来出版的《中国神话传说》被外译为多种文字，广为传播。

九　神话里的"神圣化"与"人性化"

伴随中国改革开放的发展和对中华优秀传统文化的重视，中国古代神话在20世纪末又引起学界的高度关注和浓厚兴趣。

进入21世纪，神话学逐渐成为显学，人们从不同角度或不同层面展开研究与探索，涌现出一批优秀成果和颇有建树的学人。上海交通大学资深教授叶舒宪，从中华民族的玉石信仰切入，一改前人只重典籍文献的做法，充分运用当代的考古发现，通过中国玉器起源的神话学分析、玉石神话与中华认同以及大量器物实证，将中华文明的起源提前到八千年前，不但开辟了重视"器物"文化深入研究古代神话的新天地，而且为中华文明的探源做出了重要贡献，他的学术专著《中华文明探源的神话学研究》引起国家和海内外学界的高度关注。

二　神话里的"神"

关于神话的内涵诠释与标准界定，学界有过见仁见智的讨论，虽然没有形成普遍共识，但是从故事的内容与内在的逻辑上可以判断，神话的第一要素或主要元素首先在于故事的核心角色"神"。这是一个被"人"高度"神圣化"了的艺术形象。

中华文化里的"神"，是"人"的意识创造与艺术表达，"神"与"人"是一对相互依存的概念。"人"创造了"神"，"神"因为有"人"而存在，没有"人"就没有"神"。与此同时，"神"也为"人"的生存和发展，提供着强大的精神支撑与思想支持，不仅成为一种永不枯竭的无形的动力源泉，而且成为令人敬仰崇拜且无处不在的心灵偶像。正如德国古典哲学家费尔巴哈指出的那样，不是"神"按照自己的意志和形象创造"人"，而是"人"按照自己的意志和形象创造"神"，"神"不过是"人"的想象，"神"仅在"人"的幻想中存在。中国古代"神"和"人"共处的文化景观也是如此形成的。

"神"是与"人"相对比而存在的一个名词概念。"神"由"人"造，源于人类的原始宗教和信仰崇拜，是人类观察宇宙万物和感受认知现实生活的智慧结晶。在中国文化中,"神""人"并称,联系紧密,但又有本质区别。"神"是虚幻的意象,虽然人们赋予"神"无所不能的智慧和力量,但是"神"没有客体物质的呈现,看不见,摸不着,人们可以进行任意创造和自由想象,既充满浓郁的宗教色彩,又具备奇特玄秘的"超现实"特点。"人"与"神"不同,"人"是融思想意识于物质实体的客观存在,尽管"人"的个体形象千差万别,但是"人"的概念内涵具有固定性,本质特点完全一致。毫无疑问,人类对"人"的形象认识与认知,最直观、最熟悉,而对于"人"的能力与能量的认识,也有着基本共识。正因如此,"人"就成为衡量"神"的标准尺度,在自然宇宙中,"人"所不能做的事,或者超出"人"的能力范围的事,都是由"神"来完成的。在人类发展的漫长历史进程中,人们一方面用"神"来解释观察到的那些不可理解的自然现象,一方面又使用"拟人化"的手法,将"神"不断地"人化",形成"人神"融合为一的文化现象。

中国古代先民创造的"神",有着鲜明的民族特色,以敬仰、敬畏、虔诚、崇拜为前提，充满了扬善惩恶的正能量。中华文化，以"天"为大，所以《论语·泰伯》中有"唯天为大"之说。古人认为，"天"是世界万物的主宰者，至高无上，被称为"天帝""上天"。而"神"总是与"天"联系在一起，称为"天神"。《周礼·春官宗伯第三》说，大宗伯之职掌建邦"天神"之礼，即是典型案例。《周易·系辞上》称"神无方而《易》无体"，指出了"神"的无处不在。中国古代的敬天祭祖，就是隆重敬"神"的仪式。"神"在古代人们的心目中，不仅至高无上，主宰世界，而且具有人类望尘莫及的超自然能量与能力。"神"可以"开天辟地""抟土造人""炼石补天"，也可以"御日""奔月""相会天河"，神力无限，无所不能。

然而，无论神话中的"神"具有多么巨大的能耐，归根结底，还是"人"将自己的思想意识与理想期望赋予"神"的结果，正如《周易·说卦》所指出的那样，"神也者，妙万物而为言者也"，只是借"神"来说事而已。因此，中国古代神话的基本规律和主要特点，就是人为灵魂、神为筋骨、事为血肉，创造出"神"为主体的传奇故事。毋庸讳言，在中国古代文化中，"神"字也经常与"鬼"字相联，组合成"鬼神"一词，就二字的内涵而言，从形态上说都属于人类的虚拟幻想，而在思想意识上的确有"霄壤之别"："神"在天上，有敬仰崇拜之意；"鬼"在地下，含诅咒贬罚之思，字词背后蕴含着深厚的"尊道贵德"理念。

应当指出，"神"作为形容词使用时，性质发生根本变化，用来形容"神奇""不可思议""超出想象""出人意料"之类的程度，与名词概念"神"的内涵区别鲜明。

三　神话里的"话"

前面说过，神话是关于"神"的故事。那么，"话"就是"故事"。这种理解和说法的依据，源于中国传统文化。尽管"神话"一词来自日本，但是，日本文化的源头在中国，特别是日本文字的原型直接接受了汉字的影响，神话的概念首先出现在日本并不奇怪，"话"字的内涵保持着汉字的本义也顺理成章。

许慎《说文解字》称，"话"为形声字，本义就是言语，民间口语至今把"说说话""聊聊天""啦啦呱"作为一样的意思来使用。但这种"话"的言语是有固定内涵的，《说文解字》用"善言"来表达，先秦文献如《左传》也经常使用"话言"代替。那么，什么样的语言才是"善言"呢？其实，"善言"就是有意思、有趣味的话，让人愿意听、喜欢听的话，让人受教益、受启发的话，通俗地说，就是"好话"，或者是"嘉话""佳话"。这种"善言"往往具有一定的故事性或娱乐性，生动鲜活，具体形象，或幽默诙谐，或神奇而不同寻常，容易引起人们的兴趣，具有一定的艺术魅力，人们喜闻乐道，或相互讲述，口耳相传，或文字记述，广为流传，自古迄今，从未间断，诸如文坛嘉话、人事佳话、各类"诗话""文话"等等。

《太平广记》记载了隋代猛将杨素的儿子玄感，让幽默善辩的侯白给他讲一个好听有趣的故事，所谓"说一

个好话":

> （侯白）才出省门，即逢素子玄感，乃云："侯秀才，可以玄感说一个好话。"白被留连，不获已，乃云："有一大虫，欲向野中觅肉，见一刺猬仰卧，谓是肉脔。欲衔之，忽被猬卷着鼻，惊走，不知休息。直至山中，因乏，不觉昏睡，刺猬乃放鼻而去。大虫忽起欢喜，走至橡树下，低头见橡斗，乃侧身语云：'旦来遭见贤尊，愿郎君且避道。'"

大意是讲一只老虎在野外觅食，遇到一只刺猬，以为是一团可以吃的肉，刚要吃掉的时候，刺猬忽然粘在了老虎的鼻子上，老虎被刺猬扎得疼痛难忍，疯狂地向山中逃跑，其间也顾不上停留喘息。老虎在山中一直狂奔到极端疲劳困乏，才昏昏沉沉地睡去。刺猬趁着老虎睡着的时候，从老虎的鼻子上溜下来逃走了。老虎的鼻子忽然不疼了，就很高兴地站起来继续往前走。走到橡树下面，低头看到地面上到处都是圆圆的长满了刺的橡斗，老虎误将橡斗认作刺猬，于是一面侧着身子避开这些橡斗，一面胆怯地对着橡斗请求说："早晨我来的时候已经遇到过您了，希望您不要再挡在道路上了。"

在这个"好话"里，侯白以自嘲的方式，把自己比作被刺猬扎伤的愚蠢老虎，而把玄感比作满身是刺的橡斗，挡在了他回家的路上。情景与故事十分契合，具有一定的娱乐性，所以逗得玄感很开心。由此可以得知"话"就是"故事"。

唐代承袭了隋代的"说话"形式，在宫庭和民间广为流行。元稹《酬翰林白学士代书一百韵》自注称："又尝于新昌宅说《一枝花话》，自寅至巳犹未毕词也。"诗注中的《一枝花话》就是讲述李娃传的故事。又如敦煌写卷中提到的《庐山远公话》《韩擒虎话本》等，都是"说话"的文字底本。"说话"至宋代进入高峰期，伴随集市贸易的空前兴盛和文化的全面繁荣，出现了"说话"的专门艺人和行业，于是讲述故事的文字底本——话本大量涌现。不仅如此，文人受此启发，开始撰写具有故事性的"诗话""词话""文话"，成为文学创作和研究的新景观。如果依据当时的内容分类法，神仙题材的话本就自然可以称为"神话"了。

四 神话里的"神圣化"与"人性化"

如上所述，神话是关于"神"的故事，"神"是神话的核心。神话中的"神"，是人类虚拟幻想的艺术意象，而"人"既是"神"的创造者，又是"话"的创造者。人类将自己对自然宇宙万事万物的观察和思考，通过丰富的想象和联想，创造出神通广大的众神，表达着人的思想精神与观念意识。这个过程，实际上既是将具体事物"神圣化"的过程，同时又是将"神"以进一步"人性化"的过程。"神圣化"创造了崇高，"人性化"走进了生活，由此不仅达到了"寓教于乐""以文化人"的社会文明发展效果，也形成了中国远古神话的显著民族特色。

首先，中国远古神话起点高，格局大，视野宽。"盘古开天辟地",着眼于"遂古之初"宇宙自然的形成,展开对人类生存空间的神奇想象;"女娲抟土造人",基于对"我从哪里来"这样人类起源问题的思考,传达人类生于土、长于土、还于土以及大地为母、土生土长的认知意识;"羲和御日"的东升西落、"嫦娥奔月"的长生不死愿望,表现的都是强烈的生命意识。这些神话反映出中华民族对于"天、地、人"三者关系的探索与思考,奠定了中华文化"天人合一""天地一体"的思想理念,发展出中华民族注重系统性和关联性的思维模式。

其次,中国远古神话"以人为本",内容丰富,内涵深厚。远古先民在创造"神"的同时,又将自己的思想意识与理想愿望赋予了"神",表达人的情感,体现出浓厚的"人性化"色彩。人们在创造"神"的形象与传播"神"的故事过程中,既获得精神满足,增长知识,又开发潜在智力,应对社会实践。"女娲补天"表现水灾对人类的困扰和破坏,"羿射九日"反映大旱给人类造成濒临绝境的局面;女娲与羿,都是拯救人类的"神",用"神"的力量和智慧改变困局,伸张正义,弘扬正气,保护人类，让人类得以健康发展。尤其是"牛郎织女"神话，将关系人类繁衍和最为普遍的爱情作为故事表现的主题，既超越时空，又情理自然，贴近现实，反映生活，充满浓郁的人情味和烟火气。

再次，中国远古神话运用虚拟、幻想、夸张、假托、推理、借用、比喻等多种艺术方法，创造了多姿多彩、生动鲜活的群"神"形象，彰显着中国远古神话"神奇、有趣、重意"的三大特点。远古神话将人类当时的思想观念、心理意识、人情物理、发展变化等融入故事，表达了和平和谐、安定安宁、正义公平、美好幸福等多方面的诉求与希望，由此形成了巨大的艺术感染力和持久的艺术生命力。

总之，神话是人类文化的重要表现形态，也是人类历史实践的艺术创造和思想智慧的重要载体。21世纪以创新驱动发展的中华民族，正在各个领域创造着一批又一批的当代"神话"。与远古神话有着重大区别的是，当代神话中的"神"，不再是人们的虚拟和想象，而是现实生活中既有思想又敢创新、感情丰富、个性鲜明的思想家、科学家、艺术家、工程师、实干家……人类正在运用自己的思想智慧、创新思维和科技手段，不断创造着史无前例、彻底"人化"的"神话"，进入了"人"超越"神"的时代！

参考文献

1. （西汉）刘安著，马庆洲注评：《淮南子》，凤凰出版社，2009年6月版。
2. 袁珂校注：《山海经校注》（增补修订本），巴蜀书社，1993年4月版。
3. 丁山：《古代神话与民族》，商务印书馆，2015年12月版。
4. 董立章：《三皇五帝史断代》，暨南大学出版社，1999年4月版。
5. 闻一多：《神话与诗》，江西教育出版社，2018年3月版。
6. 【德】恩斯特·卡希尔著，黄龙保、周振选译：《神话思维》，中国社会科学出版社，1992年3月版。
7. 【德】麦克斯·缪勒著，金泽译：《比较神话学》，上海文艺出版社，1989年8月版。
8. 邓启耀：《中国神话的思维结构》，重庆出版社，1992年1

月版。

9. 何新：《诸神的起源》，三联书店，1986年5月版。
10. 林惠祥：《神话论》，商务印书馆，1933年1月版。
11. 刘城淮：《中国上古神话》，上海文艺出版社，1988年10月版。
12. 刘魁立：《神话新论》，上海文艺出版社，1987年2月版。
13. 刘尧汉：《中国文明源头新探——道家与彝族虎宇宙观》，云南人民出版社，1985年2月版。
14. 茅盾：《神话研究》，百花文艺出版社，1981年4月版。
15. 【美】杰克·波德著，程蔷译：《中国的古代神话》，中国民间文艺研究会上海分会编：《民间文艺集刊》第二集，上海文艺出版社，1982年4月版。
16. 潜明兹：《中国神话学》，上海人民出版社，2008年5月版。
17. 陶阳、钟秀：《中国创世神话》，上海人民出版社，1989年9月版。
18. 萧兵：《楚辞与神话》，江苏古籍出版社，1987年4月版。
19. 姚宝瑄：《华夏神话史论》，北岳文艺出版社，1989年12月版。
20. 叶舒宪：《中国神话哲学》，中国社会科学出版社，1992年1月版。
21. 叶舒宪：《神话意象》，北京大学出版社，2007年11月版。
22. 【英】罗伯特·A. 西格尔著，刘象愚译：《神话理论》，外语教学与研究出版社，2008 年 11 月版。
23. 张开焱：《神话叙事学》，中国三峡出版社，1994 年 9 月版。
24. 田兆元：《神话与中国社会》，上海人民出版社，1998 年 11 月版。

后记

2018年10月,中国新闻出版研究院与上海理工大学共同主办《互联网+内容供给创新与文化创意产业高峰论坛》,笔者应邀在开幕式上作题为"中国神话与中华文化"的发言。次年初夏,曾任复旦大学出版社总编的孙晶女士来电话,约写"九说中国"系列丛书的创世神话篇。十多年前,孙晶女士即是拙著《传承与创新》与《宋代文学论稿》的责编,盛情难却,故欣然接受。当时我尚在上海交通大学人文学院院长与神话研究院常务副院长任上,任务繁多,断断续续撰写,一直拖到今年春节,方粗成一帙,聊复雅命。

这是迄今为止，第一本专门梳理和重点介绍中华创世神话及其诗歌传播状况的小册子。此书重点研究和整理了"盘古开天辟地""女娲抟土造人""女娲炼石补天""曦和御日""嫦娥奔月""羿射九日""共工怒触不周山""牛郎织女会天河"等八大传说，并总结了"神话的'神圣化'与'人性化'"规律。虽然是普及性读物，但针对以往中华创世神话内容与内涵理解混乱不堪的状况，笔者不仅尝试着规范文献传说的逻辑性与严谨性，而且也就中华创世神话故事的理解，提出了"一家之言"。

我写作此书以尊重历史传说与文献记载为前提，不作发挥和想象，把丰富的空间留给读者去思考，重点突出其合理性、科学性与必然性，突出中国古代诗歌传播的深广性，充分发掘中华创世神话的民族特色，充分体现中华文化"以人为本""天人合一""尊道贵德"的三大核心理念。这对于深刻认识中华文化的源远流长及其创造性转化与创新性发展，对于提高民族自豪感与文化自信心，对于探讨文化发展规律与人类文明发展轨迹，或许有着一定启发意义和参考价值。

作为上海市社会科学创新研究基地"中华创世神话"的团队成员，笔者撰写的这本普及性小书，也是基地的一项微型成果。基地首席专家、上海交通大学资深教授叶舒宪先生审阅了章节细目，深表感谢！

杨庆存
2021年2月22日于奉贤寓所

图书在版编目（CIP）数据

神话九章 / 杨庆存著. -- 上海：上海文艺出版社, 2023
(九说中国. 第二辑)
ISBN 978-7-5321-8185-8

Ⅰ.①神… Ⅱ.①杨… Ⅲ.①神话—中国—通俗读物
Ⅳ.①B932.2-49

中国版本图书馆CIP数据核字(2023)第031585号

发 行 人：毕　胜
策 划 人：孙　晶
责任编辑：胡远行　张艳堂
封面设计：胡斌工作室

书　　名：神话九章
作　　者：杨庆存
出　　版：上海世纪出版集团　上海文艺出版社
地　　址：上海市闵行区号景路159弄A座2楼　201101
发　　行：上海文艺出版社发行中心
　　　　　上海市闵行区号景路159弄A座2楼206室　201101　www.ewen.co
印　　刷：上海盛通时代印刷有限公司
开　　本：787×1092　1/32
印　　张：9.375
插　　页：5
字　　数：130,000
印　　次：2023年3月第1版　2023年3月第1次印刷
Ｉ Ｓ Ｂ Ｎ：978-7-5321-8185-8/G・0339
定　　价：55.00元
告 读 者：如发现本书有质量问题请与印刷厂质量科联系